WAC
BOOK

筋トレ＆ストレッチ

海上自衛隊マニュアル

誰でもできる！ どこでもできる！

海上自衛隊

WAC

目次

第2章◉技術（神経系）トレーニング

第3章◉中・上級者用トレーニング（筋力系）

はじめに

必ずできる！

本書は、海上自衛隊員のための筋トレ&ストレッチのマニュアルですが、一般の方々も簡単に実施できるものです。是非、活用してみて下さい。

運動能力測定の筋力系種目の腕立て伏せ、腹筋、懸垂、斜懸垂はトレーニングを実施すれば、必ず向上し基準（6級）に到達できます。

また、走り幅跳びやソフトボール投げの到達基準は、ちょっとした技術（コツ）を習得すればほとんどの隊員が基準に到達できるものです。

トレーニングを効果的に実施するためには原理・原則に従い実施する必要がありますが、ここではあえて簡単な表現で運動能力測定基準未到達者に対し「けがなく毎日実施可能なトレーニング＝やれば到達できる」をコンセプトに作成しました。

そして艦艇乗員でも「簡単で、かつ限られたスペース（空間）で実施できる」トレーニング法を紹介していますので、是非、活用してそれぞれの目標に向け、体力向上に励む際の一助になれば幸いです。

本書の特徴

特徴1 道具いらず!!

ダンベルなどを使わずに自分の身体だけでトレーニング

ダンベルなどを使ったトレーニングも効果的ですが、用具、場所、知識が必要となります。ここで紹介するトレーニングは全て自体重を負荷にして実施するので誰でもどこでもトレーニングができます。

特徴2 自分のレベルで!!

いろいろな負荷を変換した方法で確実に能力ＵＰ！

懸垂が1回もできない人、腕立てが1回もできない人でも、できるようになります。

1回もできないからやらない、トレーニングしない、ではなく、できる方法でトレーニングをして記録を伸ばすことを心掛けましょう！

どんな人でもトレーニングできる方法を紹介しているので確実に能力ＵＰできます！

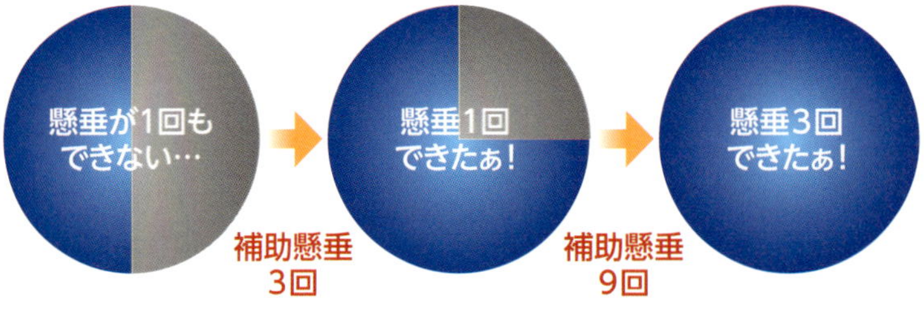
懸垂が1回も
できない…
補助懸垂
3回
懸垂1回
できたぁ！
補助懸垂
9回
懸垂3回
できたぁ！

特徴3 やりたい運動で!!

やりたい運動を負荷を変え本当に必要な能力に刺激を与えるトレーニング

懸垂をできるようにしたいから個別に各種の筋力をUPするのも1つの方法です。しかし、ここでは目標とする動作を極力変えることなく、その動作に必要な筋肉に刺激を与え、誰にでもでき、かつ最短で目標を達成できるようにしています。

特徴4 カラダのケアを!!

筋肉に刺激を与えるトレーニングを実施したら必ずストレッチ

トレーニング後、おろそかになりがちなストレッチ。筋肉疲労を残したままトレーニングを実施すると、けがの発症率が高くなります。けがをするとトレーニングが実施できなくなり、体力は急激に落ちていきます。ここではそれぞれの種目ごとに使用する筋肉のストレッチの1例を紹介しているので、トレーニング後は確実にストレッチを実施することを心がけましょう。

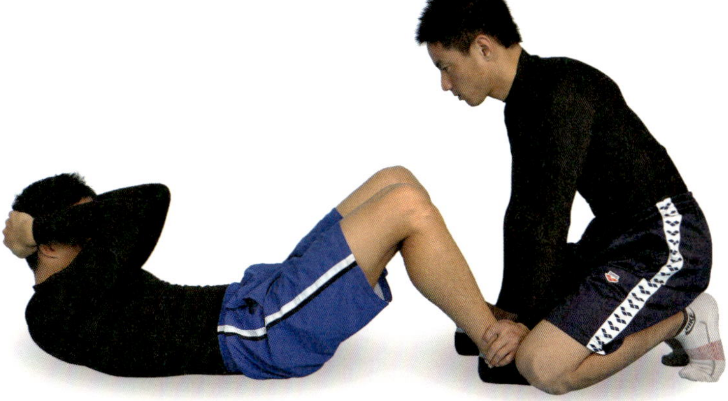

筋力向上の仕組み

※これだけは知っておこう

筋肉は強い運動で刺激をうけると、その刺激に適応するように機能を高めようとします。これを超回復といい、簡単に言えば「壊して治す」。この繰り返しで筋肉は発達していきます。

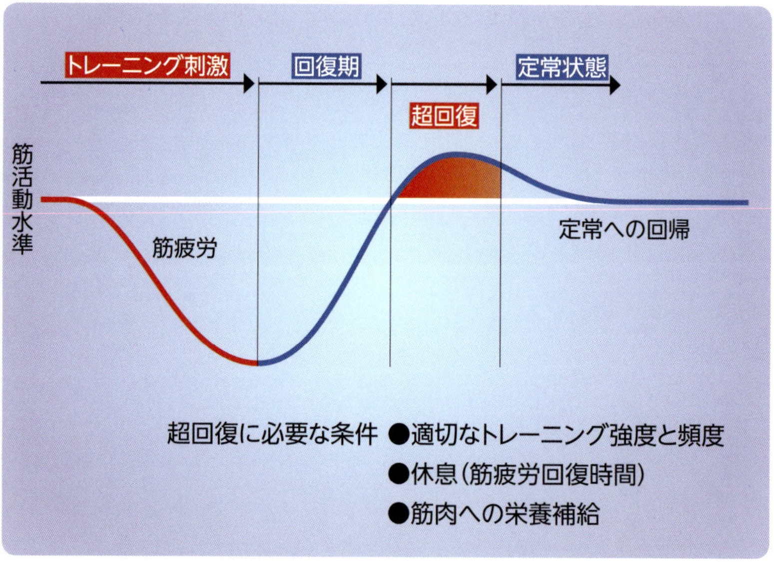

トレーニングをしてもあまり効果が得られないという人は、その運動で適切な刺激を筋肉に与えられていないケースが多いようです。

筋肉痛を喜びに！

筋疲労をおこし体が痛いということはある意味
筋肉に刺激が入った証拠でもあります。
基本的には「痛みなくして成長なし」なのです。

第1章

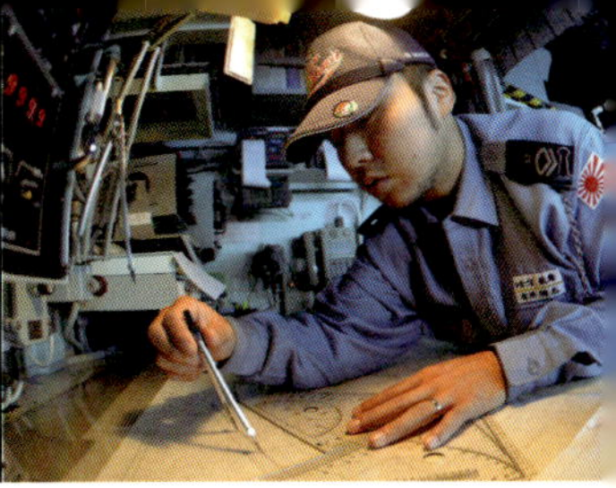

低負荷高回数トレーニング

腕立て伏せ・腹筋・懸垂は筋力系の種目
自分にできる負荷でどんどん鍛えていこう!

3,000m走

懸　垂

腹　筋

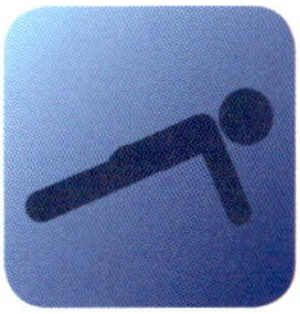

腕立て伏せ

腕立て伏せ・腹筋・懸垂等の筋力系種目のトレーニングとして「低負荷高回数トレーニング」を紹介します。

未到達者の多くは、トレーニングをしても効果が得られる前にやめてしまったり、効果が得られる域まで実施できないといった傾向がみられます。

低負荷高回数トレーニングは、「できないからやらない」ではなくて、1回の動作で筋肉にかかる負荷を減らし、誰にでも実施できるトレーニング内容です。運動障害(けが)が少なく、低体力者のみならず体力がある人も自分にあった負荷を選択すれば、トレーニング効果が確実に得られる方法といえます。

回数を増やすことによって筋肉の細かいところまで確実に刺激することを狙いとしていますので、実施中はつらく感じますが、1種目に対し時間にしてわずか5分程度です。

「やれば到達できる」
まちがいない!

今の自分の体力は?

MAX測定の実施

正しい姿勢、正しい要領で
回数を計測する。

MAX測定とは何のために実施するのか?

- 現状の把握(自己の体力)
- 以降のトレーニングに関する回数(強度)の指標
- 記録(体力)の向上を直に感じる
  =ポジティブになれる!

週1回を標準にしてMAX測定を行ない、トレーニング効果を確認しつつ漸進的《ぜんしんてき》に回数設定を行ないます。

ワンポイント・アドバイス

測定時一番多い質問が「何回やればいいの?」でした。目標とする回数と自分の現状をしっかり把握しましょう。目標をもって実施することでトレーニング効果が向上します。

低負荷高回数トレーニング

腕立て伏せ

到達基準(6級)

24歳以下	男性	40回
	女性	22回
29歳以下	男性	35回
	女性	19回
34歳以下	男性	31回
	女性	17回
39歳以下	男性	27回
	女性	14回
44歳以下	男性	23回
	女性	12回
49歳以下	男性	19回
	女性	10回
54歳以下	男性	16回
	女性	8回

豆知識

健康　腸内環境が悪いと必要な栄養が吸収できずトレーニング効果が半減しちゃうよ。ビフィズス菌で代表される善玉菌で内からも健康に!

腕立て伏せ

実施要領

❶測定は2分間で腕立て伏せを正確に実施できた回数

❷測定終了は2分間を経過した時点、または正確な腕立て伏せが継続できなくなった時点

1 両足の開きは肩幅まで

2 肩から足首まで一直線とし、腕は床面に対し垂直

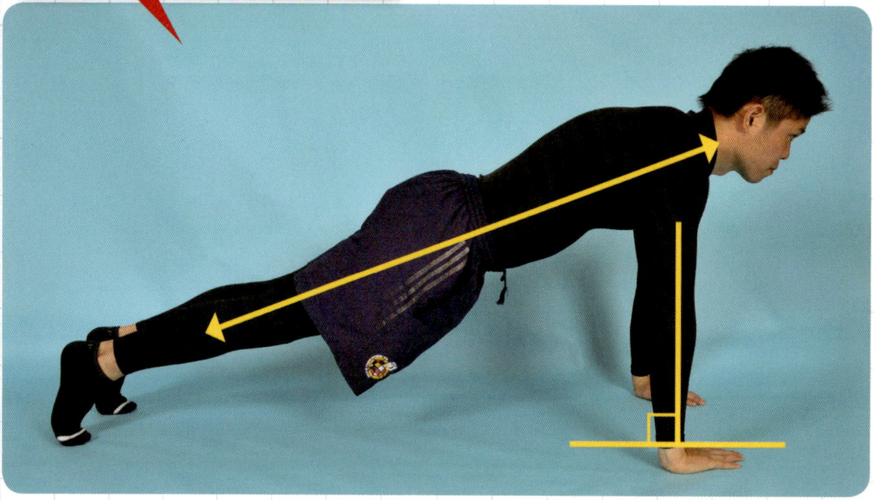

3 両手の間隔は肩幅よりやや広くとり、床面につけ手の平を内側に向ける（ハの字）

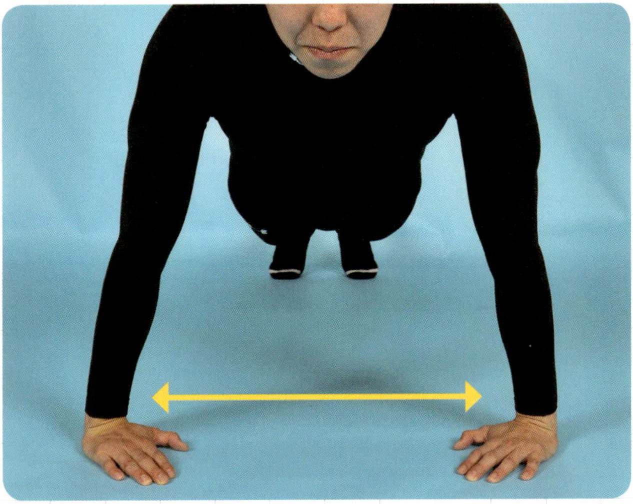

4 ひじを曲げた時、あごがバディー※の手の平または手の甲に軽く触れるまで曲げる

※バディーとは補助者

5 バディーは被測定者の側面に位置し、手のひらまたは手の甲を被測定者の両腕中央付近に置く

参考 バディーのひじを地面につけると測定者は腕立て伏せを実施しやすくなる

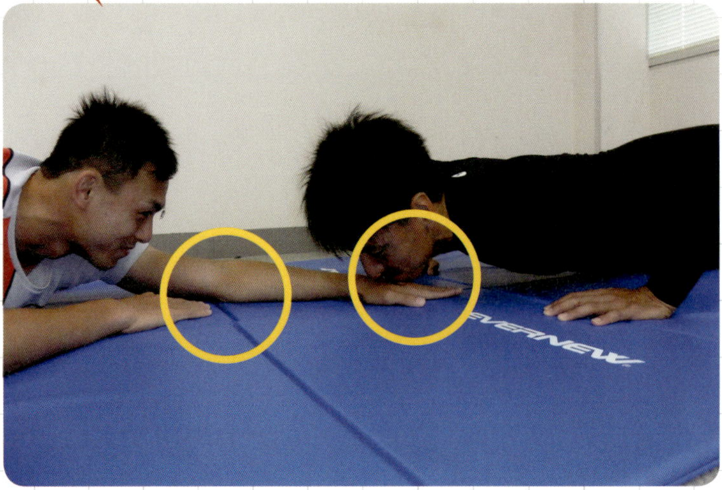

NO COUNT...

体が波うってる
（肩から足首まで一直線が保てていない）

上半身のみをおろしている
（肩から足首まで一直線が保てていない）

上げた時にひじが
伸びきっていない

おろした時あごが
ついていない

豆知識

水泳 運動後の水泳は水温・水圧・水流によってアイシング効果やマッサージ効果があり疲労回復にも効果大!

腕立て伏せ

Training

膝つきプッシュアップ

腕立て伏せの姿勢をとり、そこからひざを床につけて負荷を軽減させる方法

1 腕立て伏せの姿勢から、ひざを床につけて負荷を軽減させる

★注意点★

地面から腕が垂直になるように肩の位置を合わせ、真下に降ろして真上に上げる

BAD

目的は運動能力測定の腕立て伏せの記録向上なので、
トレーニング中も測定で使う筋肉の動作を意識しよう

あごをつける位置が
手前過ぎる

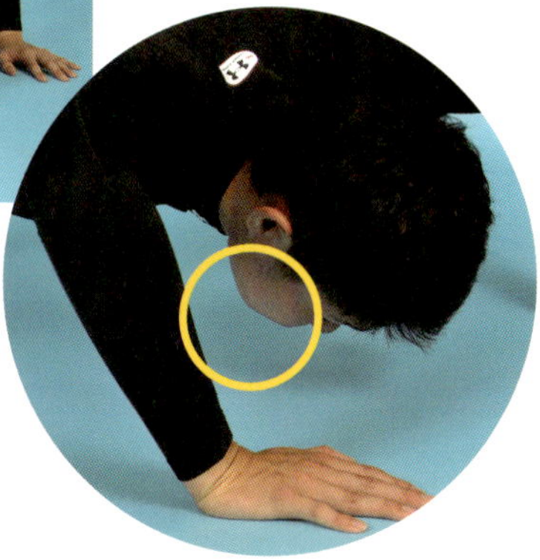

体が波打っている

腕立て伏せ

Training

可変負荷型プッシュアップ

机や椅子に手をつけ、上半身の位置を上げた状態で測定の腕立て伏せの姿勢をとり負荷を軽減させる方法

★注意点★

肩から足首まで一直線を保つ

肩の角度が90度になるように足の位置を調整する
体幹を緩めず一直線を保ち測定の腕立てを行なう

➡高さを変えることで負荷を調節できる

手を付く位置が高い
負荷が小さい

手を付く位置が低い
負荷が大きい

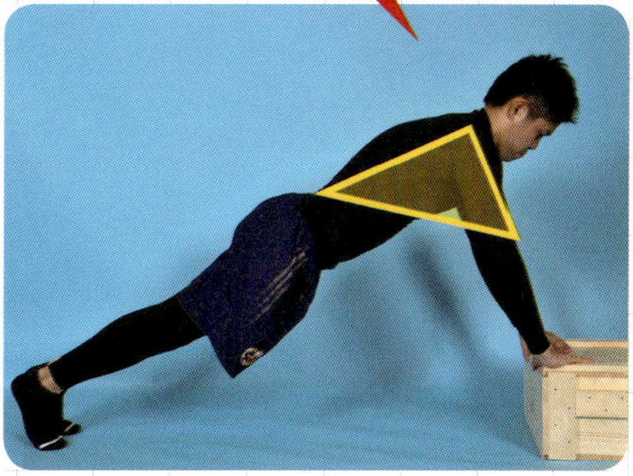

BAD

足の位置が
前過ぎ

足の位置が
後ろ過ぎる

可動が上半身のみ
になってる

腕立て伏せ

Training

アシストプッシュアップ（補助腕立て）

実施が困難になった時に補助者にアシストしてもらい、負荷を軽減し細部まで刺激を与える方法

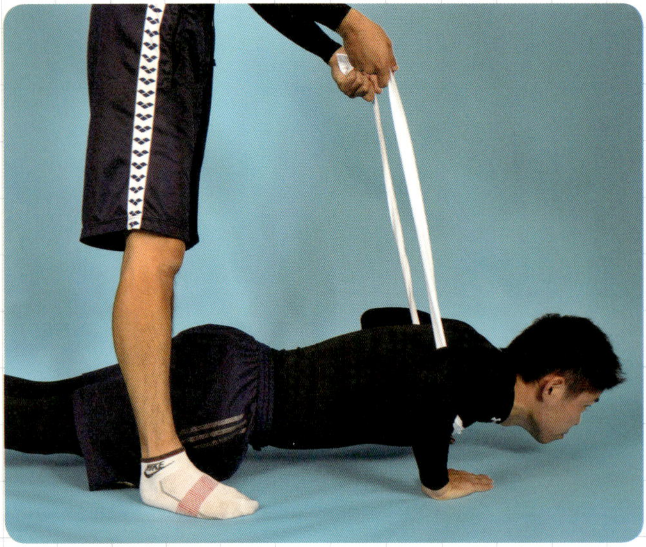

★注意点★

補助者のトレーニングではないので実施者のアシストの域を超えない

腕立てのトレーニングをして筋疲労をおこし、上体が上がらなくなった……
そこからがトレーニングの**おいしい**ところ!

もう無理だぁ〜

おいしいところ

まだまだぁ〜
あと5回!

ほとんどの人がオールアウト(極限・限界)まで自分を追い込むことができていない

「もう無理だと思ってからあと5回!」

補助者に少しアシストしてもらうことで、細部にまで刺激を入れることができる

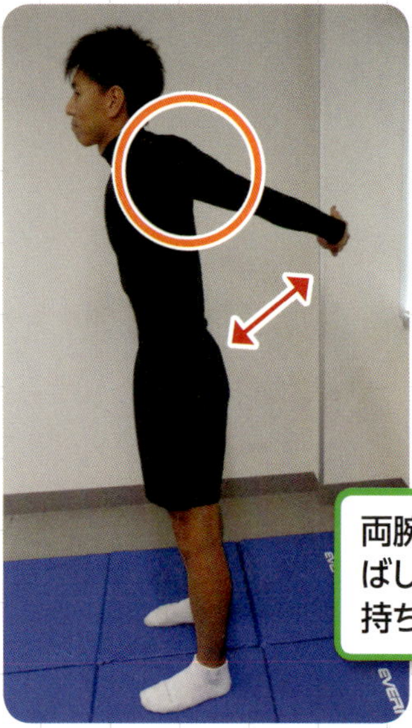

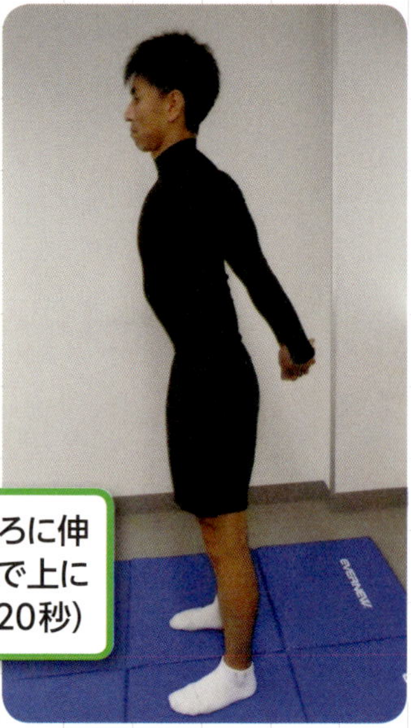

両腕をまっすぐ後ろに伸ばし、両手を組んで上に持ち上げよう（約20秒）

肩甲骨を開こう

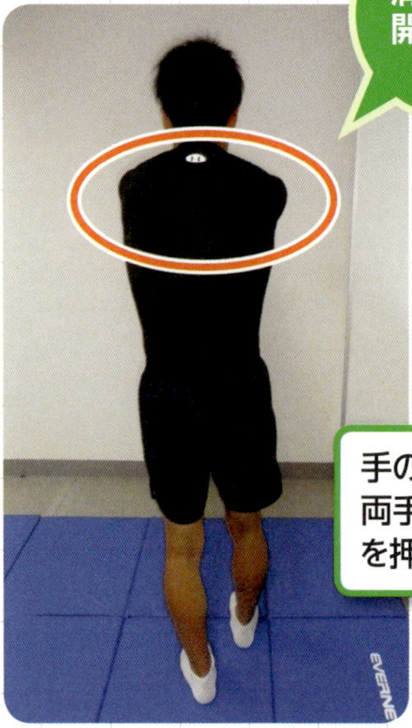

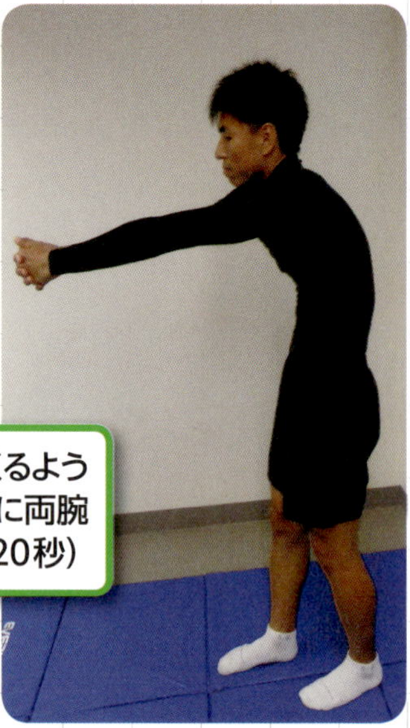

手の平が手前にくるよう両手を組み、前方に両腕を押し出そう（約20秒）

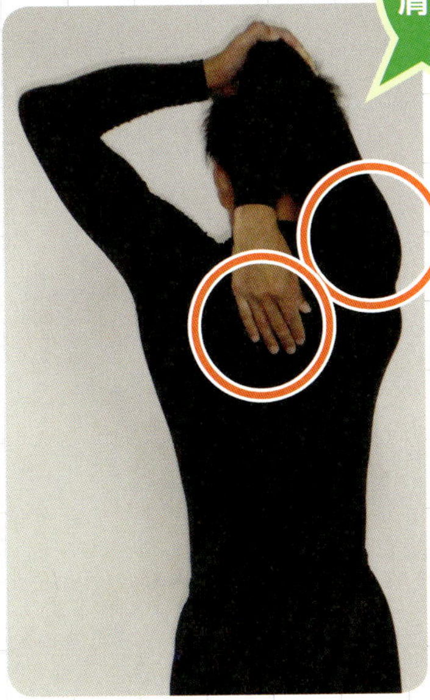

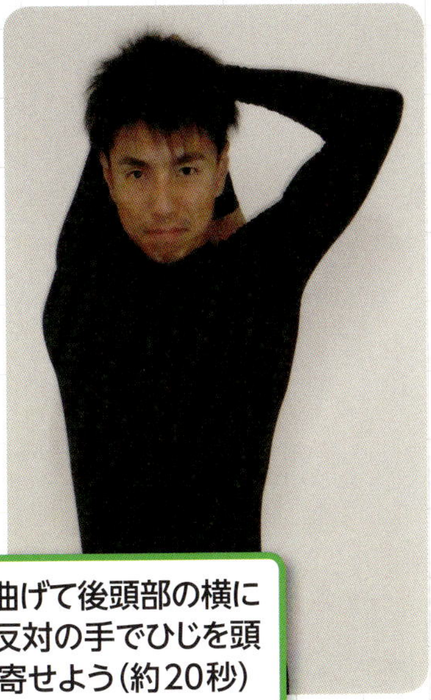

ひじを曲げて後頭部の横に
上げ、反対の手でひじを頭
に引き寄せよう（約20秒）

壁から少し離れ横向きに
立ち頭の高さで壁に手を
つき、ひじを伸ばし腰を
回転させよう（約20秒）

豆知識

ストレッチの実施法

息を止めて実施すると筋肉に無意識に力が入ってしまい、十分な効果が得られません。ストレッチを実施するときは最初から最後まで自然呼吸を続けよう！

ちょっと一息……体育の知識

トレーニングの原理について

体を鍛えると強くなる。当たり前のようですが、どんな原理で発達するのでしょうか?

トレーニングの原理を理解すれば、トレーニングの必要性が自覚できるはずです。

過負荷(オーバーロード)の原理

身体の発達は簡単に言うと、人間の適応能力にあります。力を必要とする生活をしていれば力が発達していきます。日常生活以上の負荷でトレーニングすることが大切!

特異性の原理

トレーニング効果はそのトレーニングで実施した内容しか向上しません。腕立て伏せだけをトレーニングしても、懸垂の記録は伸びません。目的の運動動作に必要な筋肉を鍛えていこう!

可逆性の原理

身体は無駄なエネルギーを使わないようにするため、現状生活に不必要と判断した筋肉を細くしてしまいます。また、トレーニング期間が長ければ失われていく速度は遅く、短期間で付けた筋肉は短期間で失ってしまう!

低負荷高回数トレーニング

腹筋

到達基準(6級)

24歳以下	男性	45回
	女性	26回
29歳以下	男性	40回
	女性	24回
34歳以下	男性	36回
	女性	21回
39歳以下	男性	32回
	女性	19回
44歳以下	男性	28回
	女性	17回
49歳以下	男性	24回
	女性	15回
54歳以下	男性	21回
	女性	14回

豆知識

脳　運動は脳の活性化にも効果あり!
質のいい睡眠にもつながり仕事の効率もUP!

腹筋

実施要領

❶ 測定は2分間で腹筋を正確に実施できた回数

❷ 測定終了は2分間を経過した時点、または正確な腹筋が継続できなくなった時点

1 両手は、指を重ね（指を組まない）後頭部に軽く密着させる

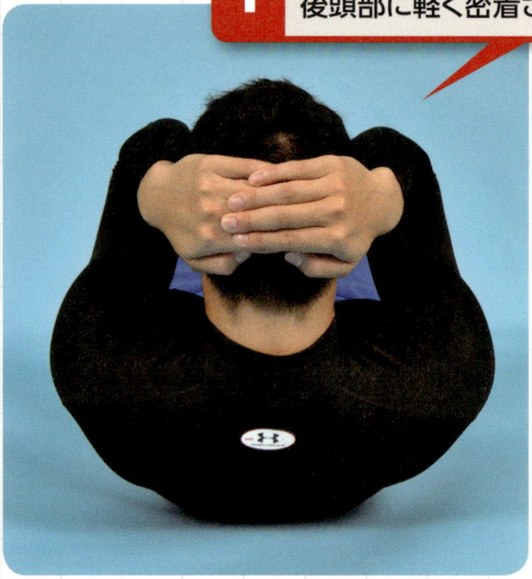

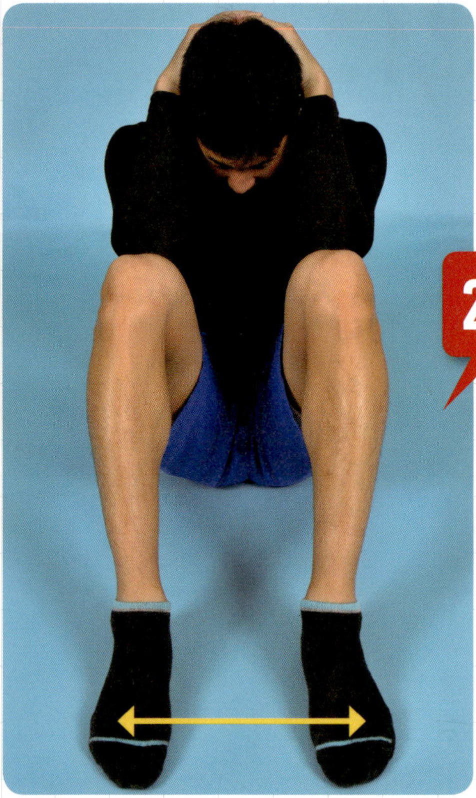

2 両足は、肩幅に開き、膝を直角（90度）に曲げる

豆知識

筋肉痛の予防法

トレーニング直後は筋肉に疲労物質がたまっていることから、運動直後のマッサージは筋肉の緊張を解き血行を促進するのに効果大！

3 上体は肩甲骨の下部が床に触れるまで倒す

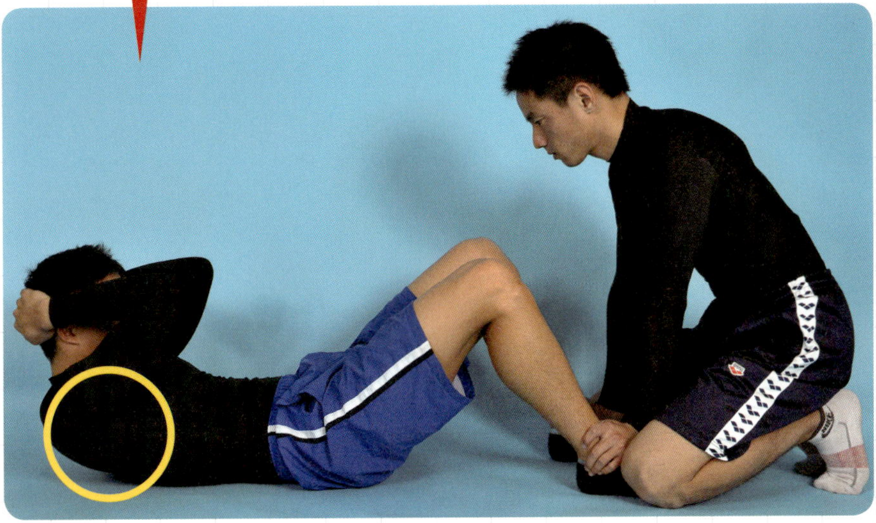

4 両ひじが下肢部に軽く触れるまで上体を起こす
＊休憩もこの状態で行なう

5 バディーは被測定者の前に位置し、被測定者の両足首を両手でしっかり押さえる

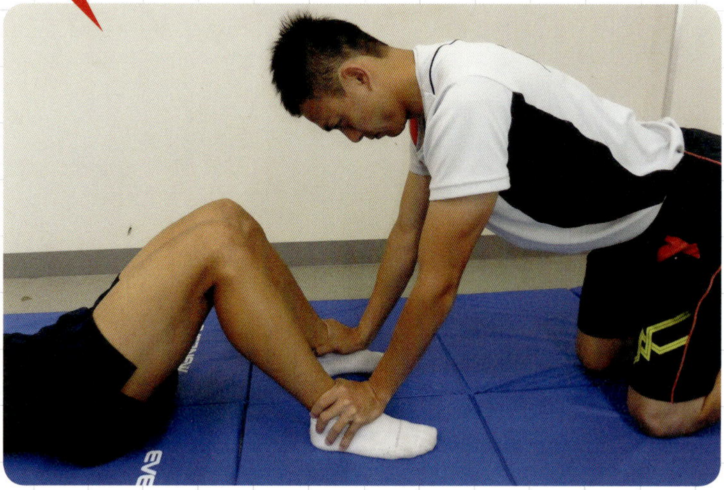

参考 バディーは被測定者の足首を上から押さえて、被測定者の足の外側にひざを添えるようにすると、押さえやすくなる（体格差がなくなる）

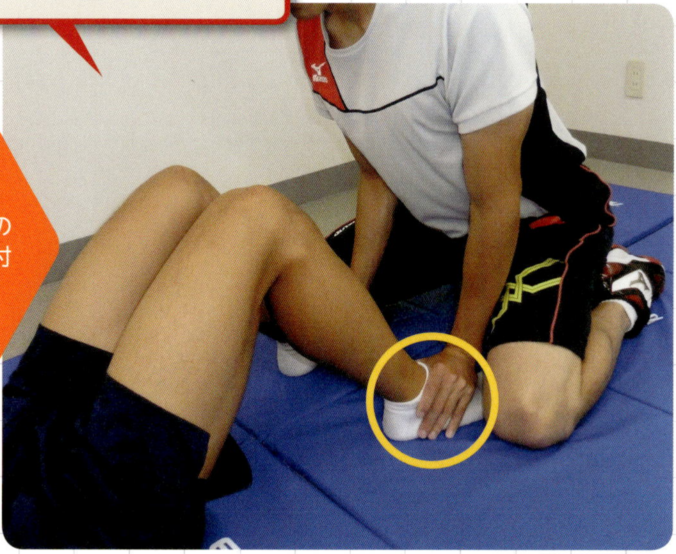

★注意点★

ひざは被測定者の足に乗せず小指付近の外側につく。

NO COUNT...

腕を開いて閉じる時や
頭を上げる時の反動を
利用している

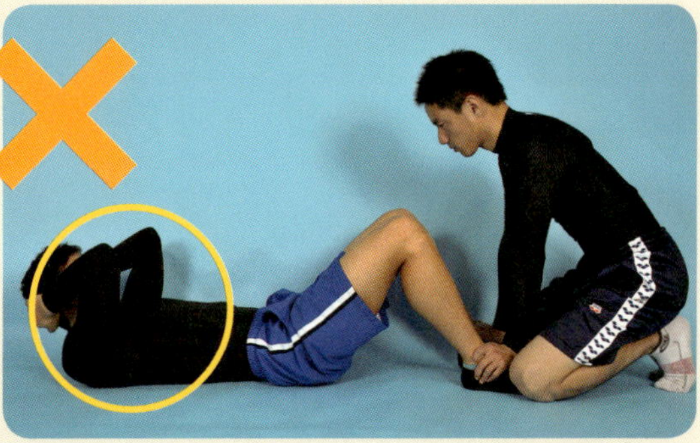

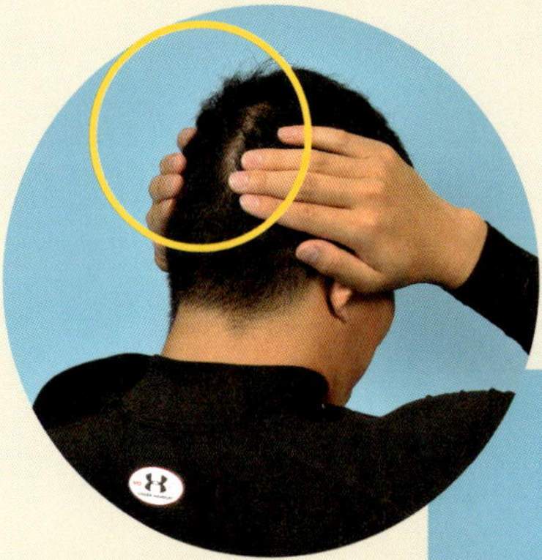

両手の指が離れている

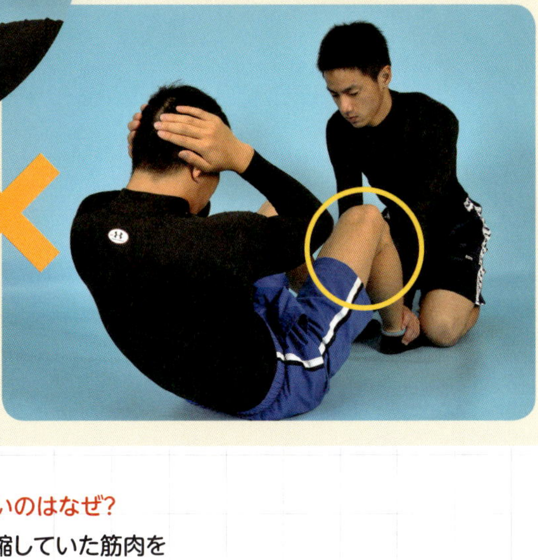

ひじが下肢部に触れ
なかった
ひざを直角に保持して
いなかった

豆知識 伸びをすると気持ちいいのはなぜ?

使っていない筋肉、収縮していた筋肉を
ほぐしているからなのです!

NO COUNT...

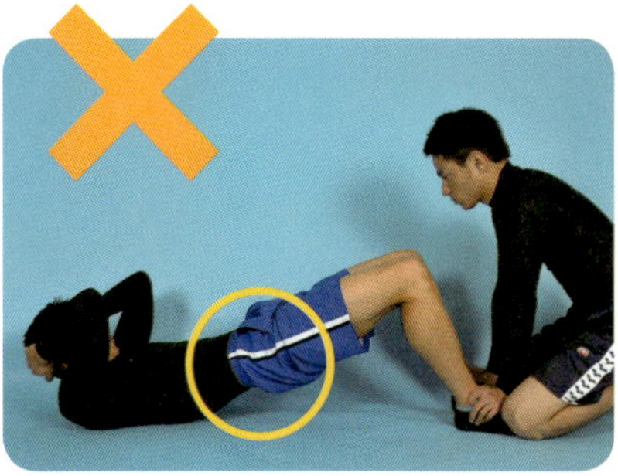

腰を床から浮かせておろす
時の反動を使っている

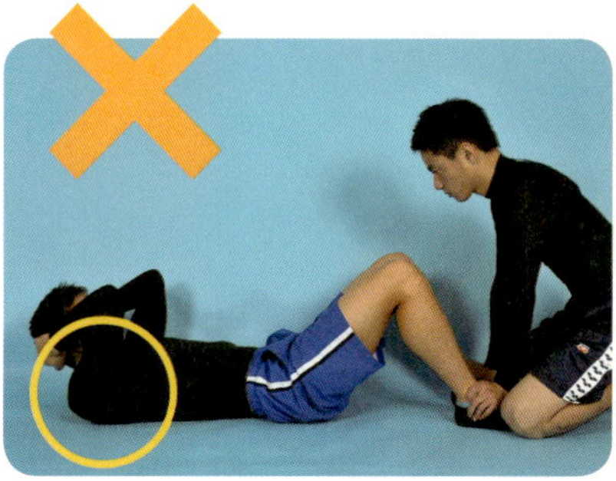

背中(肩甲骨下部より上)が
ついている

※おろす位置は
肩甲骨下部が
地面につくまで!!

腹筋

Training

アームクロスシットアップ

（腕前交差腹筋）

腕前交差を行ない、重心を体幹に近づけて負荷を軽減する方法

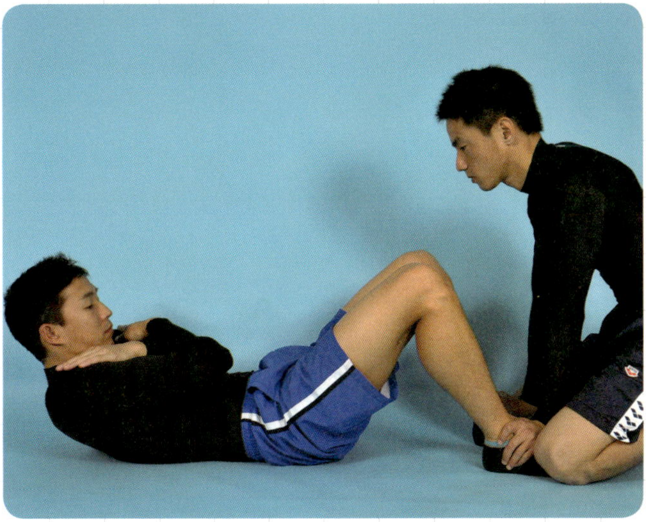

★注意点★

腕を前で組む以外の姿勢は測定の腹筋どおりに行なう

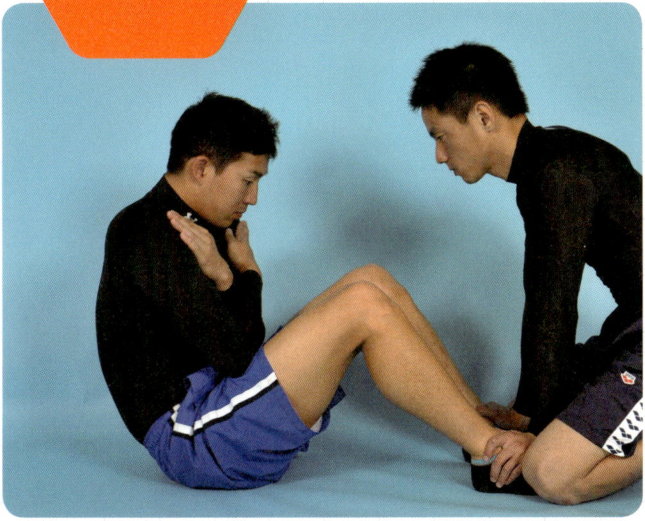

POINT

腕が体の重心（へそ下）に近づくにつれて負荷が軽減される。

通常負荷

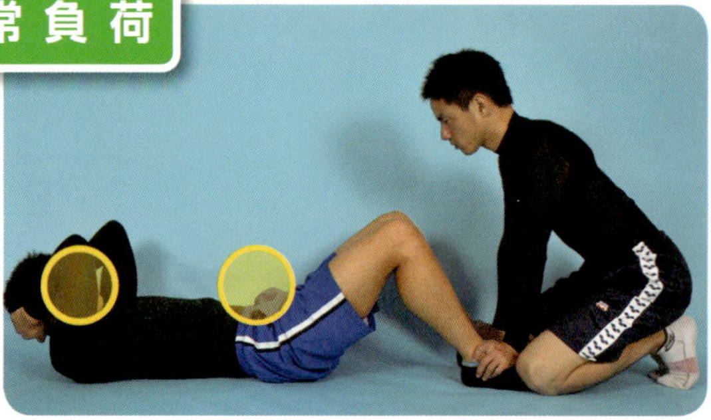

軽負荷

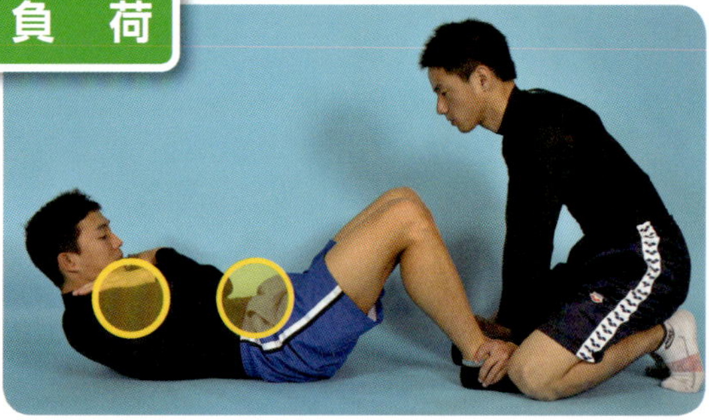

より軽負荷

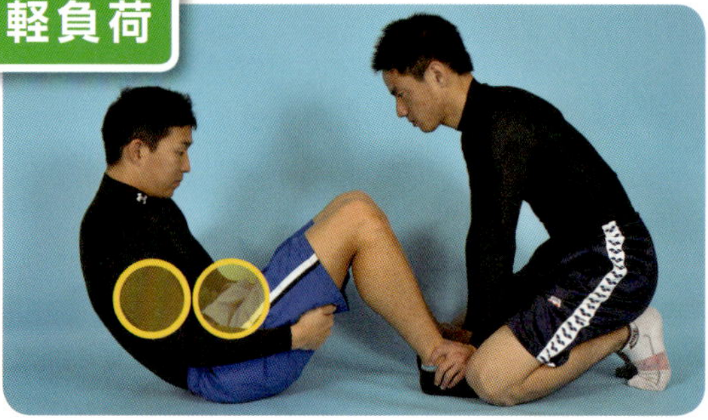

筋疲労で実施が困難になった時、そこで終わらず負荷を
段階的に軽減してオールアウト（極限・限界）を目指す。

腹筋

Training

キャッチシットアップ

（つかまり腹筋）

実施が困難になった時に
つなやひもを使用し
負荷を軽減する方法

★注意点★

腕の力に頼らず、
あくまで腹筋運
動に心がける

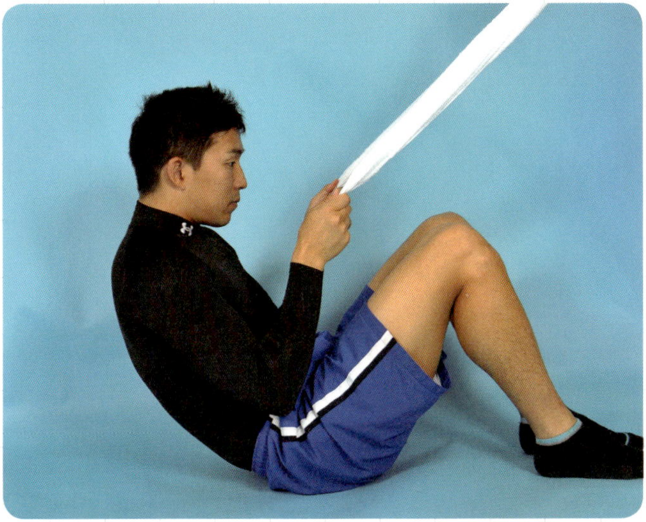

腹筋

Training

アシストシットアップ（補助腹筋）

実施が困難になった時に補助者にアシストしてもらい、負荷を軽減し細部まで刺激を与える方法

パターン1

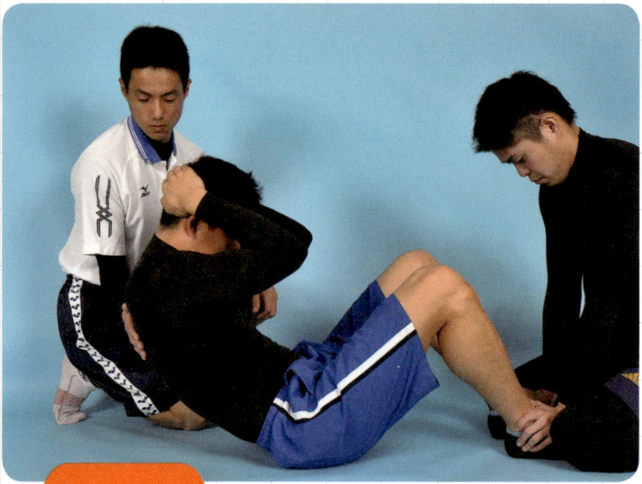

★注意点★

補助者のトレーニングではないので実施者のアシストの域を超えない

つかまり腹筋と組み合わせて パターン2

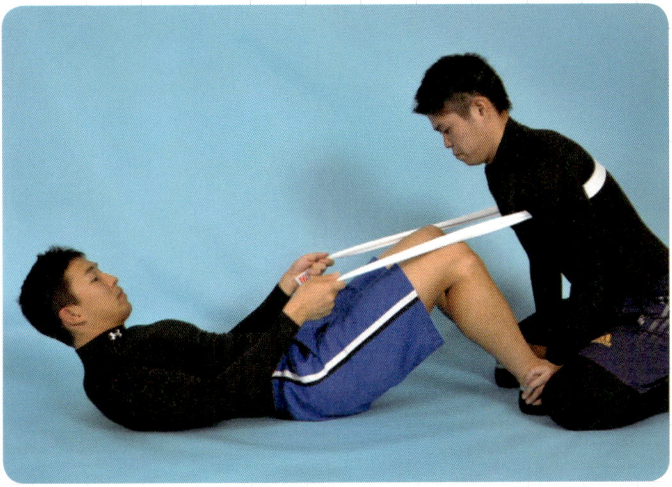

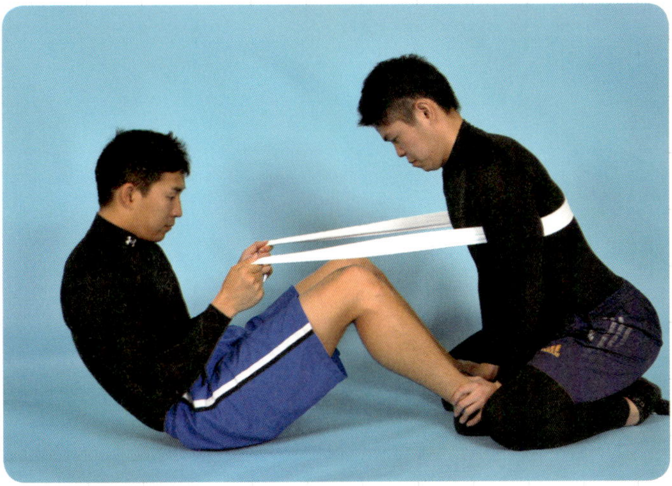

Stretching
ストレッチング

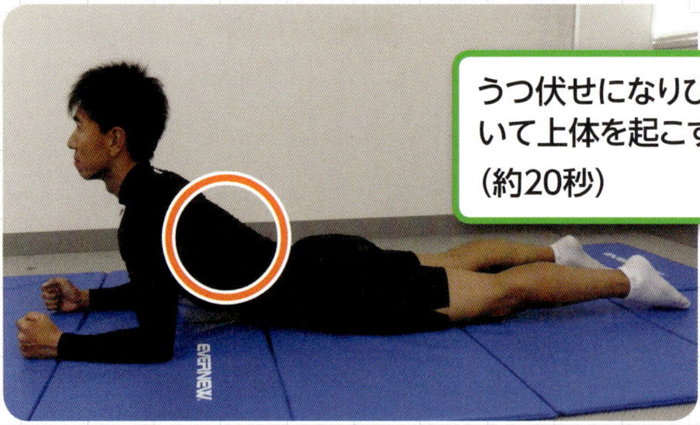

うつ伏せになりひじをついて上体を起こす
（約20秒）

背骨周辺が伸びています

手は肩、ひざは股関節の真下におき、両手両ひざでしっかりと床を押そう

ゴロゴロしてもいいよ～

あお向けになって両ひざを抱え込み、体をできるだけ小さく丸まろう
（約20秒）

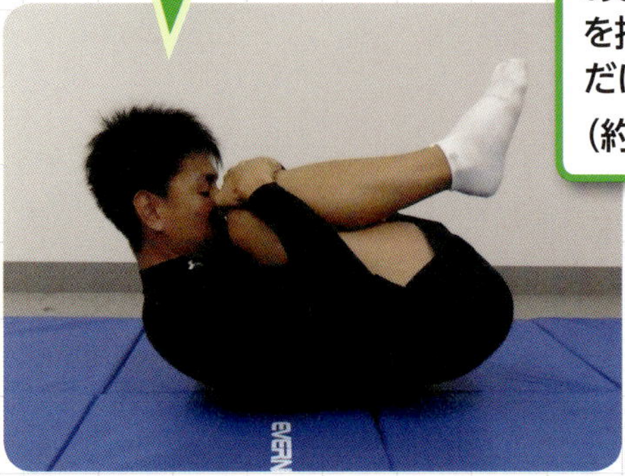

低負荷高回数トレーニング

懸　垂

到達基準(6級)

懸　垂	男性…………　3回
斜懸垂	女性…………12回

ONE-POINT ADVICE

「腕立て伏せをやっていれば腕が鍛えられて、懸垂も上がる」という考えは**間違い**!

同じ腕でも押す筋肉と引く筋肉は別なので、懸垂の記録は懸垂運動をやらないと向上しません。次ページ以降で紹介するトレーニングを参考にどんどん筋肉に刺激を与えていきましょう!

豆知識　トレーニングの順序

筋力系トレーニングをしてから走ったほうがダイエット効果がある。

懸垂

実施要領

❶測定は正確な屈伸の数を数える
❷屈伸の速度は、3～4秒に1回の割合で測定係の合図により実施
❸測定終了は屈伸が継続できなくなった時点(2回以上遅れた時点を含む)

1 両腕をほぼ肩幅に開き、鉄棒を順手で握り懸垂する

2 あごが鉄棒の高さの上に達するまで腕を曲げ、続いて静かに十分伸ばす

NO COUNT...

足を振って反動を利用している

あごが鉄棒を
越えていない

カラダを降ろす時に
ひじが伸びきっていない

NO COUNT...

※あごを越えるのは正面を向いた状態で!!

上を向いた状態であごが鉄棒を越えていても…

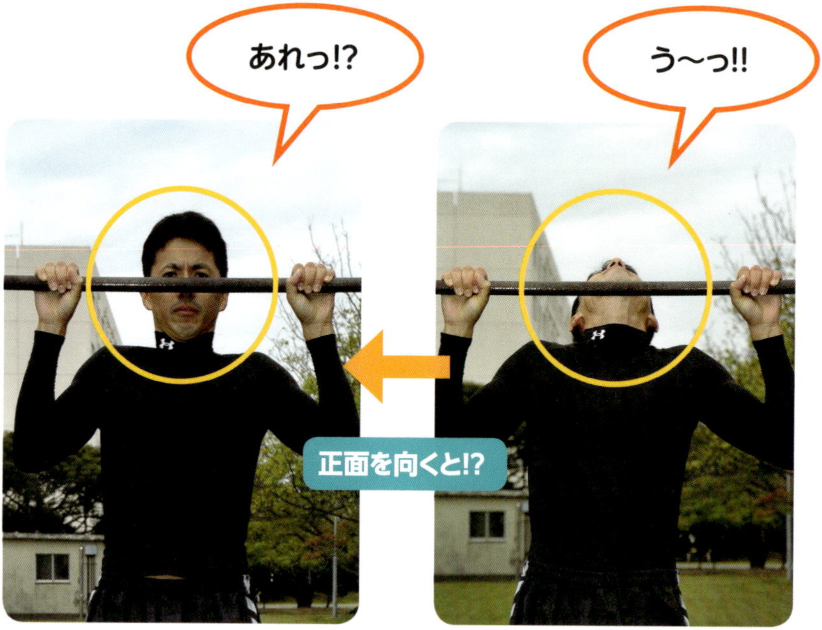

正面を向くとあごが鉄棒を越えてない!

足つき懸垂

低鉄棒等を利用し足の着いた状態で
懸垂運動を行ない、負荷を軽減する方法

懸 垂

Training

★注意点★

安定した足場を
使用し安全管理
に心がける

補助懸垂

補助者に足を保持してもらい 負荷を軽減させる方法

★注意点★

補助者は足を保持するだけで他の動作を行なわない

POINT

身体をあげる時にひじを内側にしぼる!

ひじが開くと力が伝わりづらい!

ひじの開閉の差!!
カラダを持ち上げた時に
ひじを内側にしぼるよう
なイメージで!

↓ラッタル上部の手すりを使用し、足つき懸垂を実施

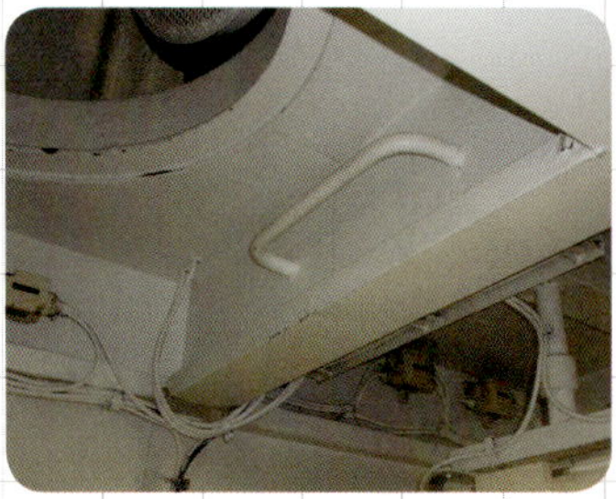

艦艇によっては、懸垂用の器具を作成し艦上体育でトレーニングできる環境を作っている。艦艇でも工夫次第でトレーニングが可能である。あとはやる気次第！

護衛艦いかづち 甲板上

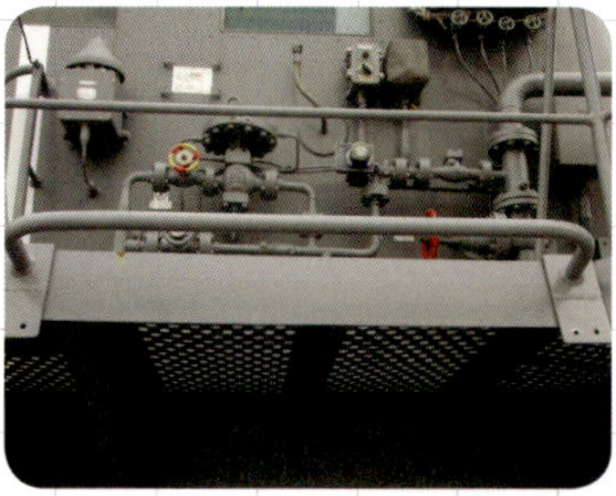

参考

懸垂においては、他の種目と違い鉄棒がなければ訓練が困難である。艦艇内の限られた空間では鉄棒があるわけではないので知恵を使って訓練していこう！　ただし、艦内の構造物は体力向上用のものではないため、使用する際は安全に十分留意し、実施しよう。

試験艦あすか 甲板上

試験艦あすか 操縦室

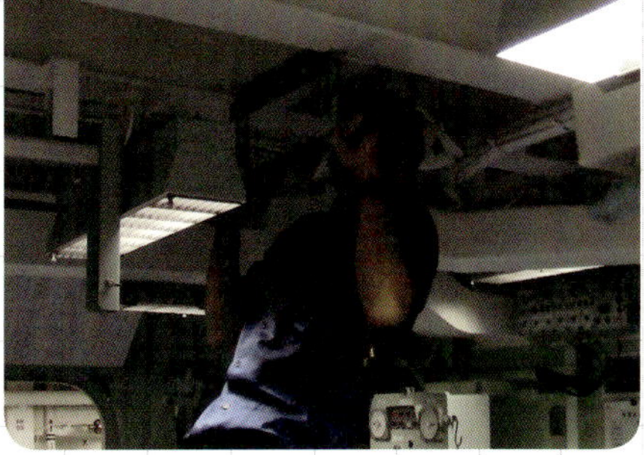

斜懸垂

実施要領

❶測定は正確な屈伸の数を数える
❷屈伸の速度は、2～3秒に1回の割合で測定係の合図により実施
❸測定終了は屈伸が継続できなくなった時点(2回以上遅れた時点を含む)

1 両腕をほぼ肩幅に開き鉄棒を順手で握り、頭、胴体及び足をまっすぐにする

2 腕と胴との角度はおおむね90度になるように両足を前に出す

3 鉄棒に体が触れるまで曲げ、静かに十分に伸ばす

NO COUNT...

体が鉄棒に触れていない

体が波うって（腹が出る）いる
腰の反動を利用して屈腕した

体を降ろす時に
ひじが伸びきってない

頭から足までをまっすぐに保持
（腰が落ちる）できてない

可変負荷型斜懸垂

懸垂

Training

足のつく位置を変えることで負荷を調整する

★注意点★

頭からかかとまで一直線を保つ

鉄棒から足のつく位置が近いと負荷が軽い

足のつく位置を変えることで負荷を調整できる!

鉄棒から足のつく位置が遠いと負荷が重い

補助斜懸垂

懸垂

Training

実施が困難になった時に補助者にアシストしてもらい負荷を軽減し細部まで刺激を与える方法

★注意点★

補助者のトレーニングではないので実施者のアシストの域を超えない

豆知識

筋肉疲労の予防、回復には?

一定時間の有酸素運動が効果的です。有酸素運動は疲労の蓄積を予防し、回復する効果があります。具体的には軽いジョギングなどを15分程度で十分です。

壁に両手をおき、胸を床に近づけるように背中を伸ばしましょう

手の甲を外側に向けよう

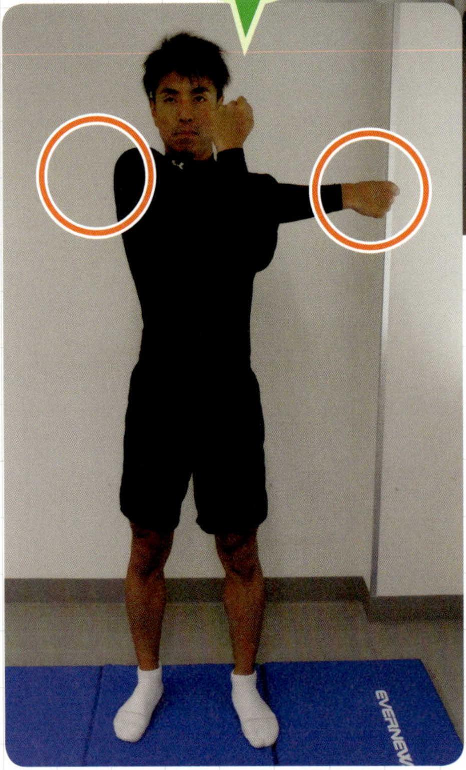

伸ばした腕のひじに反対の前腕をかけ、伸ばしたひじの内側を肩に近づけよう（約20秒）

壁から1歩離れて背中を向け、立ち肩の高さで指先を上に向け壁につきひじを伸ばし、ひざと股関節をゆっくり曲げていきましょう（ほどよい痛さのところで20秒）

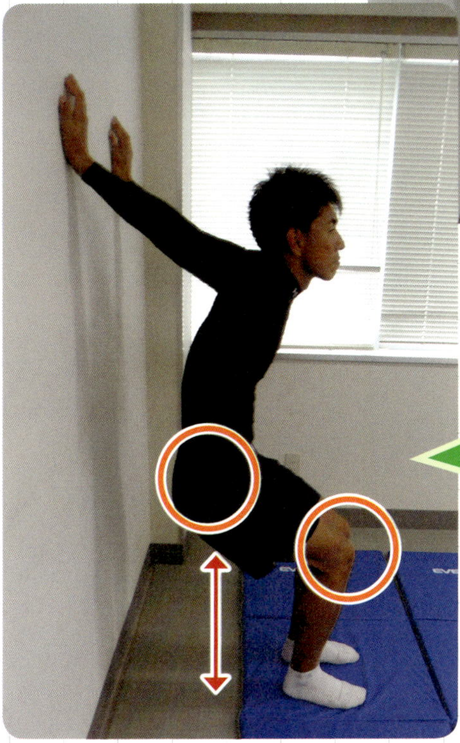

ほどよい痛さで止めよう

ちょっと一息……体育の知識

知って得する
トレーニングの原則①

全面性の原則

体は一部分だけ強化すると、運動障害（けが）の可能性が高くなります。バランス良い体をめざしトレーニングしよう!

意識性の原則

「うわぁトレーニング嫌だなぁ」

「よし、体鍛えるぞ!」

この意識の違いだけでもトレーニング効果は違ってきます。これは脳から分泌される成長ホルモンの違いで、科学的に証明されています。また、どこの筋肉を使っているかを意識することでトレーニング効果大!

漸《ぜん》進《しん》性《せい》の原則

トレーニングの負荷（強度・頻度・時間）は段階的に増やしていく。今やっているトレーニングが楽になったら次のレベルにチャレンジ!

低負荷高回数トレーニング

3,000m走

到達基準（6級）

24歳以下	男性	14分35秒
	女性	17分41秒
29歳以下	男性	14分57秒
	女性	18分03秒
34歳以下	男性	15分19秒
	女性	18分25秒
39歳以下	男性	15分42秒
	女性	18分48秒
44歳以下	男性	16分06秒
	女性	19分12秒
49歳以下	男性	16分31秒
	女性	19分36秒
54歳以下	男性	16分56秒
	女性	20分01秒

豆知識

水分 体重の2%以上の水分を失うとパフォーマンスが確実に低下します。のどが渇く前に水分補給！　フルパフォーマンスで質の良いトレーニングを！

3,000m走

Training

LSD（ロング・スロー・ディスタンス）

内容	長い時間（1時間程度、30分以上を心掛けて）ゆっくりと（会話しながら走ることができるスピード）長い距離を走るトレーニング
効果	心肺機能、全身持久力の向上
注意点	連続して長く走る！ 途中からペースを上げないこと

ONE-POINT ADVICE

持久系の運動をする場合は心拍数の設定をすることによりトレーニング効果に大きな差が出ます。

最大心拍数 ＝ 220 － 年齢
女性は（ 226 － 年齢 ）

心拍数の設定をせずにトレーニングを継続すると危険な状態に陥ることもあるため、心拍数は常にチェックしましょう。

3,000m走 Training ペース走

内容	設定された距離を一定の負荷（イーブンペース）で走る 目標とするタイムの80～90%のタイム
効果	呼吸循環機能、有酸素的持久力

（例）目標　**14：35で3,000mを走りたい**

- 14：35の80%～90%のペースで走る
- 80%で走るなら17：30で走る!
- 90%で走るなら16：02で走る!

ONE-POINT ADVICE

3,000m走は新入隊員修業時の到達率はほぼ100%です!

資料を読んでいる隊員の方も昔は到達基準を達成していたなぁと思っている方も多いのでは!?

走っていれば必ず到達基準を達成できます!

でも、ただ走るだけではつまらない…

そう思う隊員の方、この資料のトレーニング内容を参考に目的を持って楽しく走ってください!

3,000m走

Training

インターバル（ショート）

内容	短い距離（100m～400m単位） 短い時間（目標タイムから－2、3秒） 時間にあわせた休息（約1分～2分） トータル3,000m以上の距離を設定時間内で走るトレーニング（10本以上やると効果大！）
効果	心肺機能、心理的刺激
注意点	心肺機能を最大限に使い筋肉を消耗するためオーバーワークにならないようにする

ONE-POINT ADVICE

インターバルの目的はスピードをつけるためではなく、スタミナ・疲れに強いカラダをつくることが目的です。

年齢区分ごとの時間設定の標準（6級到達基準）

男性　女性　単位：秒

年齢区分	100m		200m		300m		400m	
	男性	女性	男性	女性	男性	女性	男性	女性
24以下	27.2	33.4	54.4	66.8	81.6	100.2	108.8	133.6
25～29	27.9	34.1	55.8	68.2	83.7	102.3	111.6	136.4
30～34	28.6	34.8	57.2	69.6	85.8	104.4	114.4	139.2
35～39	29.4	35.6	58.8	71.2	88.2	106.8	117.6	142.4
40～44	30.2	36.4	60.4	72.8	90.6	109.2	120.8	145.6
45～49	31.0	37.2	62.0	74.4	93.0	111.6	124.0	148.8
50～54	31.9	38.0	63.8	76.0	95.7	114.0	127.6	152.0

Stretching
ストレッチング

仰向けになり片足を曲げて片方の足にクロスさせる

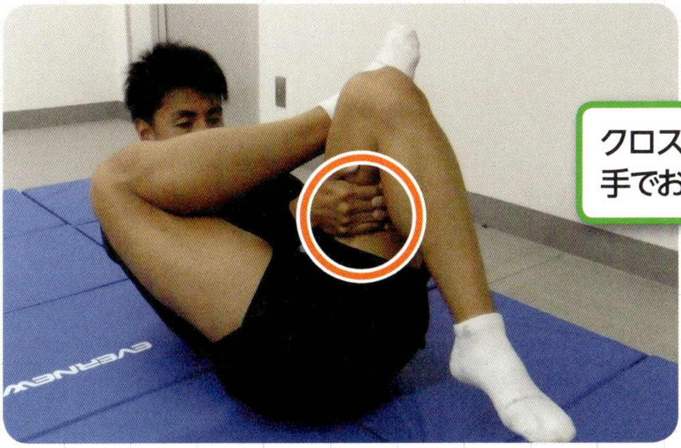

クロスしたひざの外側を手でおさえよう(約20秒)

床に座り片ひざを曲げ、反対のひざを立て、床で曲げた足の太腿外側に足をつけ、上体を動かさず両手でひざを引き寄せよう(約20秒)

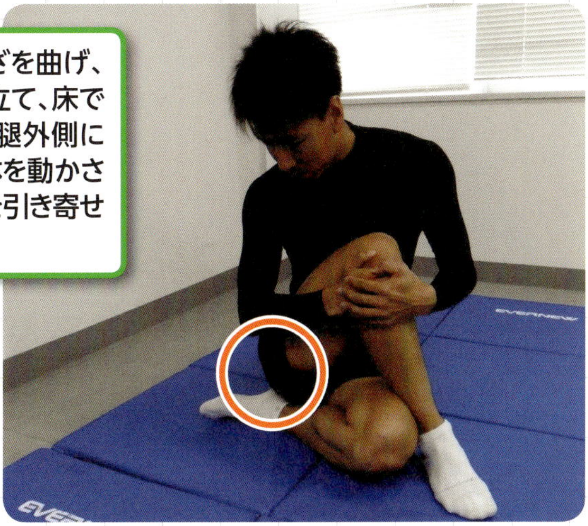

おしりの筋肉を伸ばしています

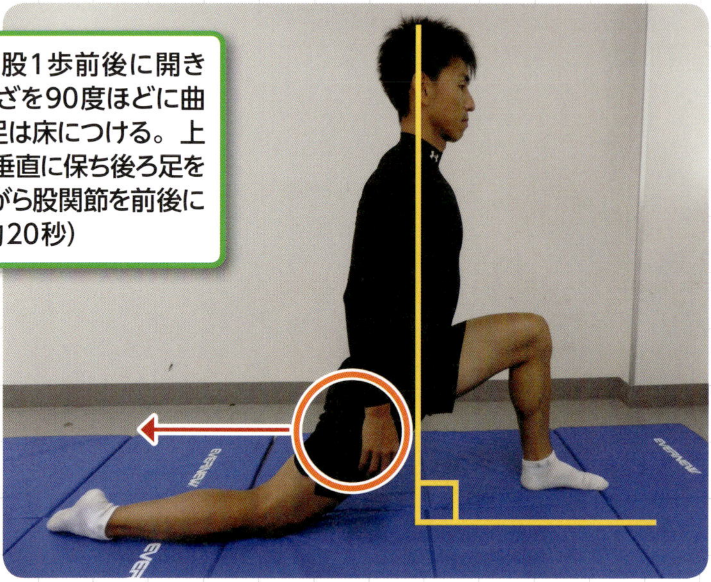

両足を大股1歩前後に開き前足はひざを90度ほどに曲げ、後ろ足は床につける。上体は床と垂直に保ち後ろ足を伸ばしながら股関節を前後に開こう（約20秒）

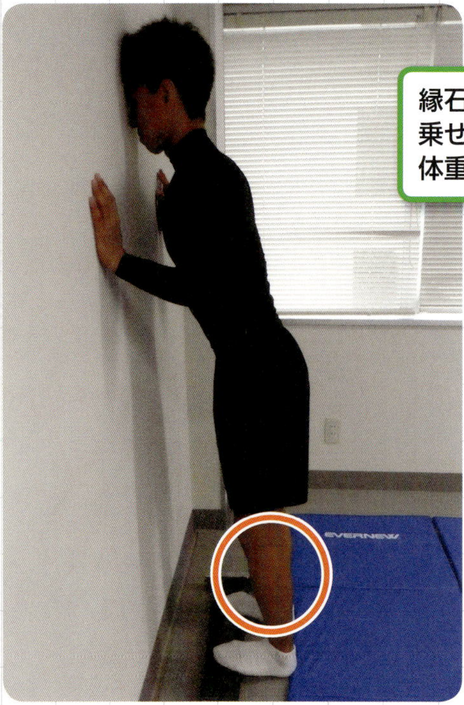

縁石などに足の前部分を乗せ、上半身を前に出し体重をかけよう（約20秒）

豆知識

やる気が出ないときの対処法！

「まあ、いいや、とりあえず1回やってみるか」程度の気持ちで1回やるとたいていの場合2回以上やりたくなります。「まず1回やってみよう～!」「やる気は行動の中から生まれる（池谷裕二著『海馬　脳は疲れない』」

片足立ちになりひざを曲げ、同じ側の手で足をつかんでお尻に引きつけよう（約20秒）

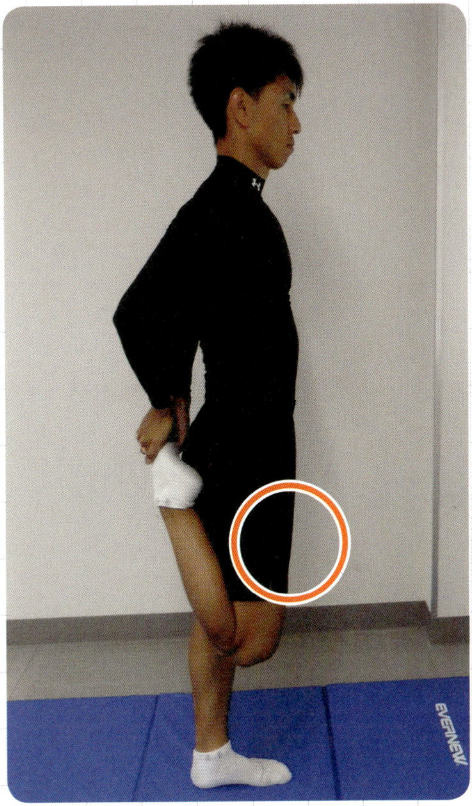

豆知識

一般的なシューズの寿命

トレーニングシューズは800km～1000km、レースシューズは300kmで寿命といわれているので、けが予防のための目安に！

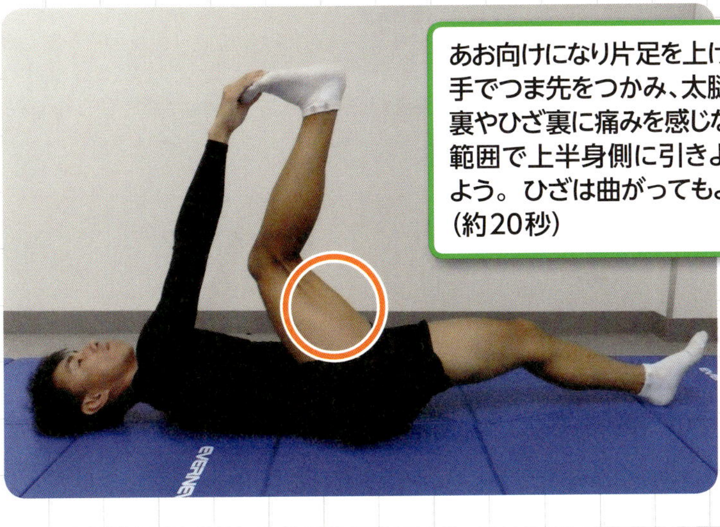

あお向けになり片足を上げ両手でつま先をつかみ、太腿の裏やひざ裏に痛みを感じない範囲で上半身側に引きよせよう。ひざは曲がってもよし（約20秒）

ちょっと一息……体育の知識

知って得する
トレーニングの原則②

個別性の原則

自分のレベルにあったトレーニングをしていこう!

腕立て伏せを100回できる人が、30回できる人のトレーニングをしても自分のトレーニングにならない。逆に30回できる人が100回できる人と同じトレーニングをすると、負荷が強すぎてけがにつながる可能性がある。

トレーニングのレベルは人と合わせる必要はありませんが、自分に負けない強い心で頑張ろう！

反復性の原則

トレーニングは継続的に実施しないと体力向上の効果が期待できない。

「継続は力なり」

自衛官の体力練成に終わりはないのだ！

第2章

技術（神経系）トレーニング

**ボール投げ・走り幅跳びは、
筋力だけではなく技術要素の高い種目！
自在に使える体作りを目指しましょう。**

走り幅跳び

ボール投げ

本来ならキャッチボールや幅跳びの訓練を実施してその種目に対する技術を習得していきたいところですが、任務多忙な自衛官において訓練可能なスペースの確保は困難です。

そこで各種目動作のイメージ作りや自分の体の円滑な使い方を習得することによって、効果的に技術向上につながります。

種目に対する技術的動作がうまくできない人がこのトレーニングをすると、自分が思っている以上に格好悪い形になっています。鏡等を見たりして正しいフォームの確認をし、意識してトレーニングしましょう。

これから紹介するトレーニングは、技術習得のベース作りであって、これだけやっていれば記録が向上するというものではありません。

多忙であっても時間を見つけ、各種目の運動ができる場所に足を運び、実際の測定要領で訓練を併せて行なうことをお薦めします。

豆知識

入浴 お風呂に入浴することで「水圧、温熱、浮力」の効果があり、血行促進はもちろん水圧でマッサージ効果と浮力による筋肉の緊張を解放するため筋肉疲労の回復に最適なので、トレーニング後は入浴を心がけよう！

技術（神経系）トレーニング

ボール投げ

到達基準（6級）

男性………	30m
女性………	16m

ONE-POINT ADVICE

ボール投げで6級到達基準に到達できない隊員に多くみられるのは、過去に投げるという動作を経験したことがないことが多いようです。まずは投げるという動作を難しく考えずに、本資料を参考にして一杯練習しカラダにしみこませましょう！

豆知識

栄養 筋力系トレーニングは食事後2～3時間経過してからが理想。トレーニング直後に吸収の速いサプリメントの活用も有効。

どうしたらボールを投げられる?

ボールを投げる3つのPOINT

1 腕の上げ方

両腕を外側に、下から上に大きく円を描く感じで肩の高さまで持ち上げよう!

2 正しいトップをつくろう

投げるひじが肩より下にならないようにして、しっかり胸を張ってみよう!

3 腕を振らず、体を回そう

肩のラインよりもひじを上げ、胸を張ったら、腕を振るのではなく、「カラダをキュッ！」と回してみよう！

まずはスムーズな投球フォームを身につけましょう

Step 1

ボールを投げるコツ！

腕の上げ方のキホン

内容	基本的な投球動作の習得
効果	ピッチングフォームの基本の習得
注意点	1つ1つの動作を意識して動かす 最終的に全ての動作をスムーズに連動させる

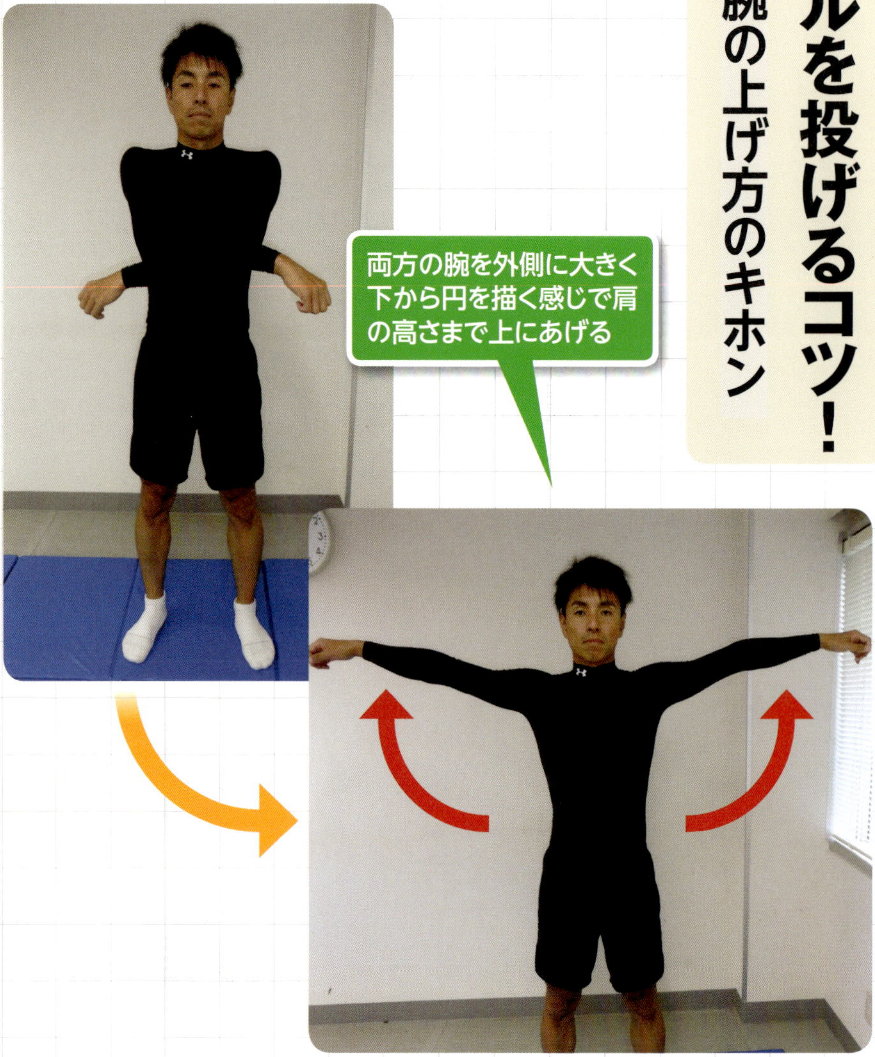
両方の腕を外側に大きく
下から円を描く感じで肩
の高さまで上にあげる

ボール投げ

Training

ボールを投げるコツ！

Step 2 正しいトップ

自然に腕を
振り上げる

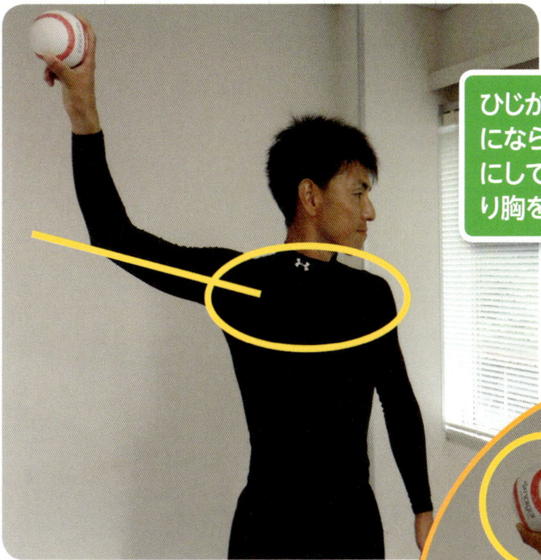
ひじが肩より下
にならないよう
にして、しっか
り胸を張ろう

ボールを持った
手の甲を投げる
方向にむける

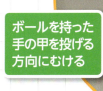

Step 3 ボールを投げるコツ!

カラダを回す

投げるときは腕を振らず、カラダを“キュッ”と回してみよう

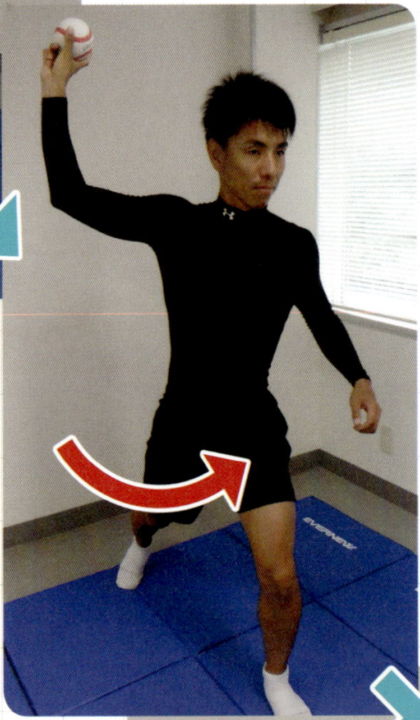

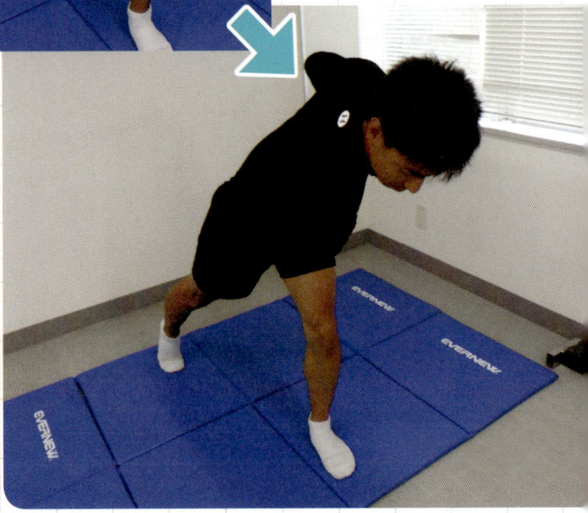

ボールを投げるコツ!

ワンポイント・アドバイス

ボール投げが苦手な人は全部の指でボールを握っていませんか?　全部の指でボールを握って投げるとボールの角度が低かったり、思った方向に飛ばなかったり、すっぽ抜けたりします。まずは正しいボールの握り方を覚えましょう!

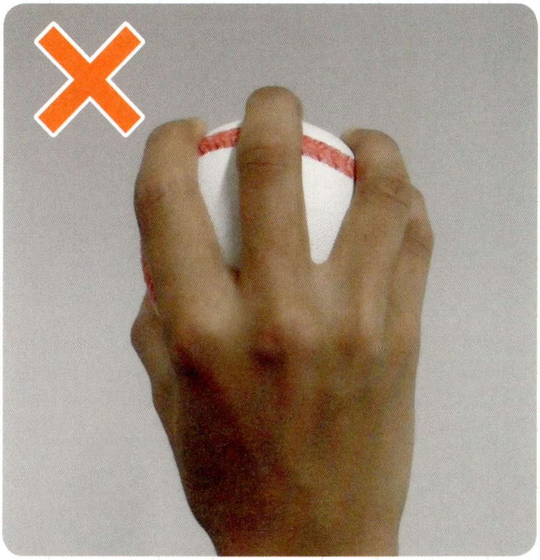

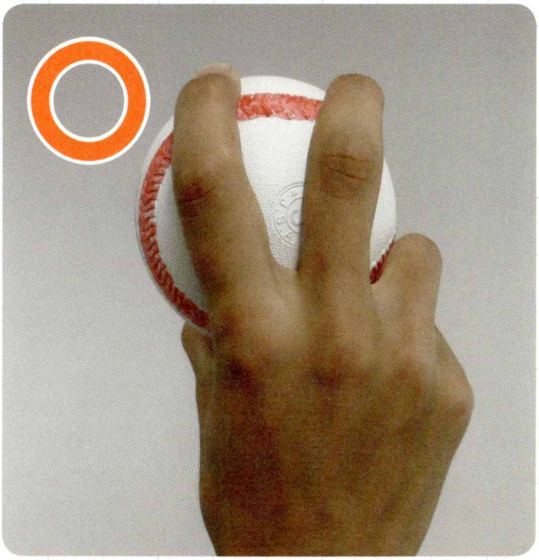

ボールのぬい目に直角になるよう、**親指**、**人差し指**、**中指**の3本で柔らかく握ってみよう

どうしたらボールを遠くに投げられる?

ボールを遠くに投げる3つのPOINT

1

両手を広げて大きく足を出して腰を回転させる

これにより自然な投球フォームになる!

2

大きく腕を振る

練習方法としてタオルやメンコ等を大きく腕を振り床にたたきつける!　これにより大きい腕の振りを覚える!

3

手首を使う

練習方法としてタオルや紙鉄砲を大きな音がなるように振る!　手首のスナップを使わないといい音がしない!

この3つのPOINTをおさえたトレーニングを艦艇で実施するには?

シャドーピッチング

ボール投げ

Training

シャドーピッチング

内容	タオルを使用した投球練習
効果	ピッチングフォームの改善
注意点	タオルの軌道が大きな弧を描くように腕を振り大きな音がでるようにする。投げ終わった時、体重が前足に移動するようにする

タオルの先端が大きな弧を描くように

ボールが飛ばない人によく見られる光景！

✕ ひじが下がった状態で投げている

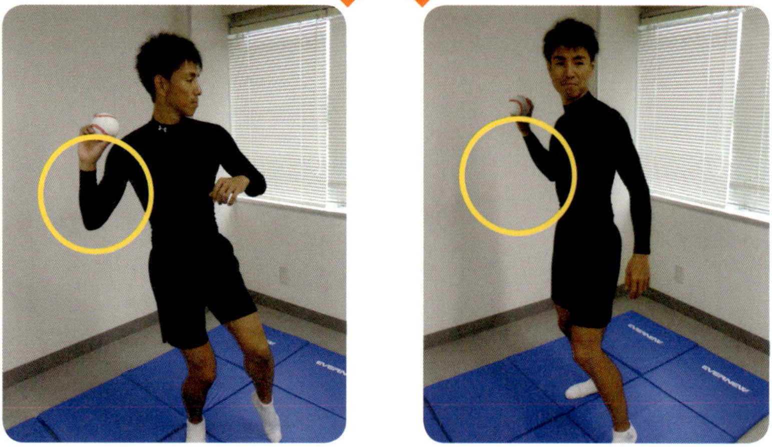

✕ 投げる方向に対して腰の回転がない

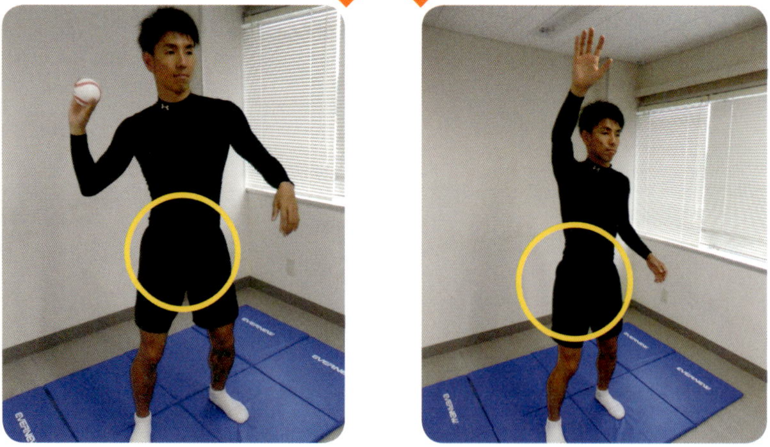

投げる方向に正対して投げると、投げる側の足が前に出やすくなり、ダイナミックに投げられない

記録向上のPOINT

左肩を投げたい方向に向けて、左手でふすまを右から左へ**勢いよく開けるイメージ**で引きつける。それにより左の肩が回り投球する腕が自然と回り距離が伸びる!

たたきつける時に
手首のスナップを使う!

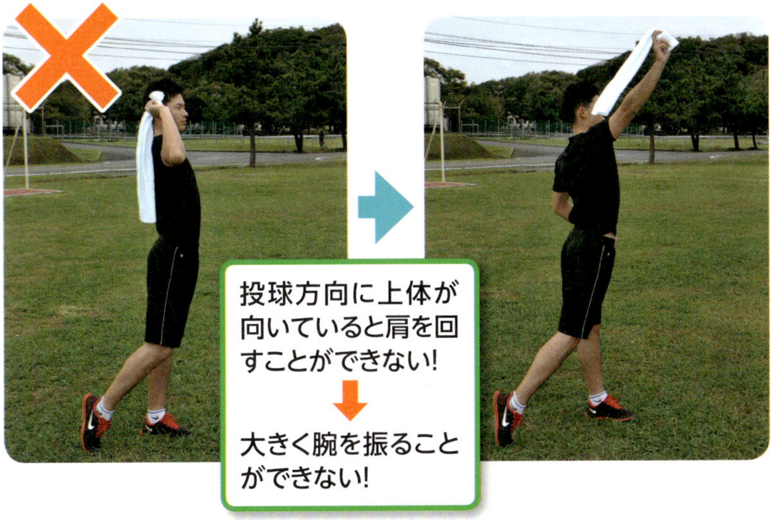
投球方向に上体が
向いていると肩を回
すことができない!
大きく腕を振ること
ができない!

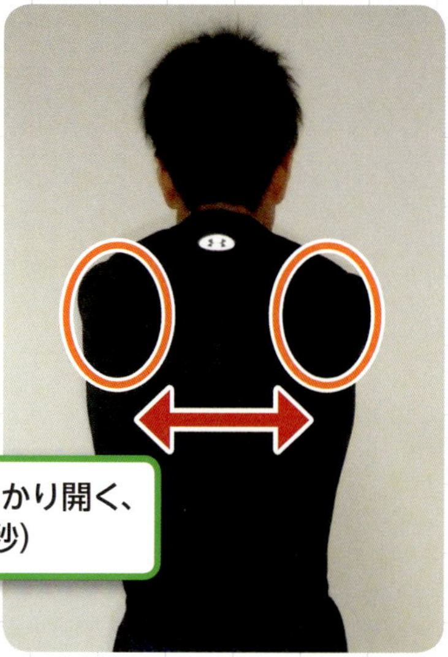

肩甲骨をしっかり開く、
閉じる(約20秒)

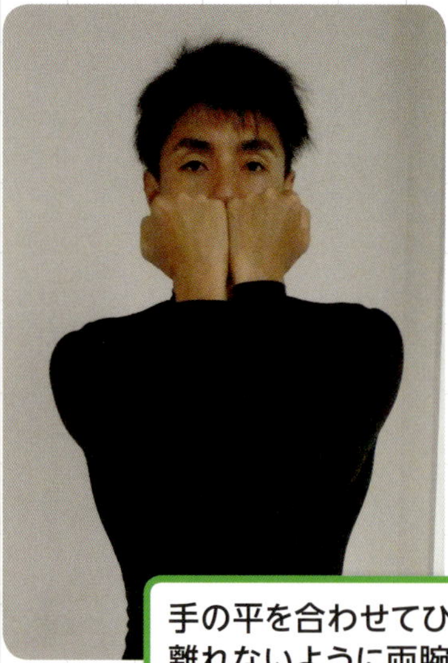

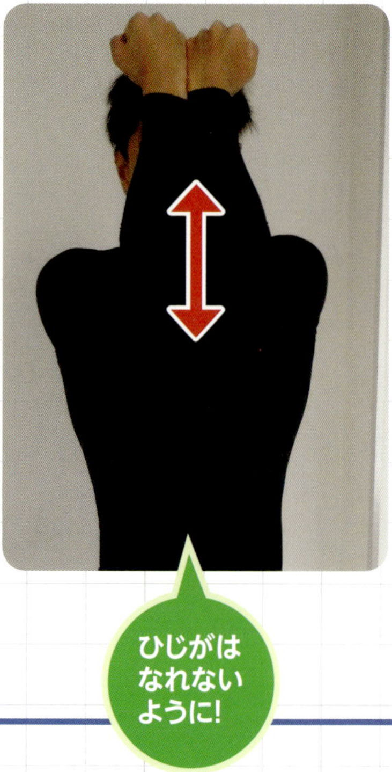

手の平を合わせてひじが
離れないように両腕を上
げましょう(10回程度×2)

ひじがは
なれない
ように!

1

2

ゆっくり
大きく

肩に手をつけたまま
ひじを大きく回しまし
ょう（10回程度×2）

3

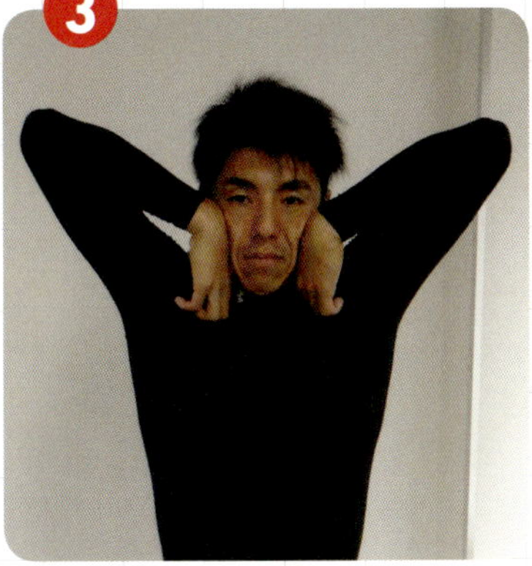

4

両手をまっすぐ前に伸ば
し胸を床に近づけ肩を伸
ばす（約20秒）

おしりを
後に引くと
きくよ～

技術（神経系）トレーニング

走り幅跳び

到達基準（6級）

男性……	**360cm**
女性……	**245cm**

ONE-POINT ADVICE

走り幅跳びの到達基準は、ほとんどの隊員が練習をせずに到達できる記録です。未到達の原因は筋力不足ではなく、体の連動・伝達が円滑に行なえていない場合が多い。

走り幅跳びの簡易計算法（目安）

（立ち幅跳び × 1.5） − （50m走 × 25） ＋ 280
＝幅跳びの記録

（例）立ち幅跳び2m、50m8秒でも380cmは跳べる。

（200×1.5）−（8.0×25）＋280＝380

赤字は公式の定数

どうしたら遠くまで跳べる?

遠くに跳ぶための4つのPOINT

1. スピードのある助走
2. ブレーキロスのない強い踏切り
3. バランスのよい空中フォーム
4. 有利な着地

この4つのPOINTをふまえたトレーニングを実施するには?

艦の中や上甲板上で跳躍動作等を行なうのは危険であり、基準未到達の隊員が1人でトレーニングし、技術を習得することは難しい……

では何ができる!?

「スピードのある助走」

は上記の4つのPOINTの中でも
比較的技術習得が容易であり、
かつ1人でもトレーニングすることができる!

そこで、

その場ダッシュ

走り幅跳び

Training

その場ダッシュ

内容
その場で腕を大きく振り、腕の振りに合わせて足の引き降ろし、引き上げを素早くする

効果
上半身と下半身の連動を円滑に行なうことで、幅跳びの助走の速度を向上させ、踏切りの瞬間に地面・下半身・上半身と力の伝達を効果的に行なうことができる

注意点
1 背中と骨盤を曲げないで1本の棒のように体をまっすぐにする
2 足（ももの付け根からつま先までを指す）を上から下にまっすぐに降ろす

POINT

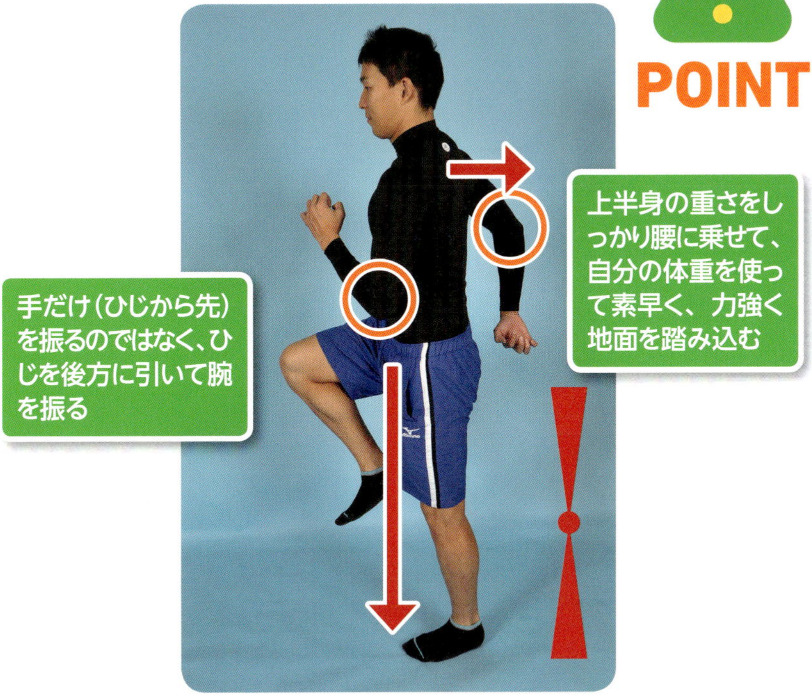
手だけ（ひじから先）を振るのではなく、ひじを後方に引いて腕を振る
上半身の重さをしっかり腰に乗せて、自分の体重を使って素早く、力強く地面を踏み込む

手だけ振って上半身と下半身が連動していない

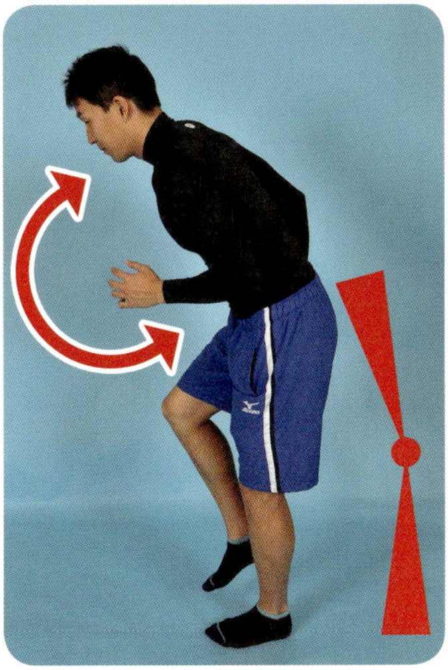

上半身が下半身の上に乗っていない

助走

内容 無駄のないランニングフォームの段階的なトレーニング

効果 ランニングフォームの改善及び加速力の向上

注意点 通常の走りより気持ちひざを高く上げるようにする

ひざを少し高く上げて走る

ONE-POINT ADVICE

助走の歩数は上級者が20歩以上が標準であり、中学生で13歩～16歩程度が標準(100mのタイムなど個人差はありますが……)です。また、助走は幅跳びの記録向上には大変重要なものであり、踏切り時にスピードが落ちないよう徐々にスピードアップすることが大事です。

Step 1 ミニハードル（もも上げ対策）

ミニハードルを使ったトレーニングはランニングフォームの修正及びスピードの強化、股関節の柔軟性を高める効果があります。ミニハードルの代わりにペットボトル等を使用しても同様の効果があります。

ひざを高くあげる

上半身は地面と垂直

着地足はひざの真下

Step 2 ラダー（接地時間の短縮）

ラダートレーニングはロープ状のはしごのようなものを使い瞬発力、敏捷性、反射神経を鍛えるトレーニングで、足の動かし方をいろいろ変えて（前後左右、中外等）実施しても効果があります。

前足部で着地し、リズムよく足を動かそう

着地

立ち幅跳びの要領で着地のフォームを身につけましょう。

腕を大きく後ろに振って腰を落とす

腕を振り下ろしながら足を前に運ぼう

着地はひざを柔らかく

❶ 跳躍の後半に足を前方に出す

❷ 足全体を前方へ抱え込みながら、かかとを投げ出す

❸ 着地した瞬間にひざの力を抜き、かかとのついた場所に尻が着く

かかとにお尻を近づけよう

ひざの力を抜く

Stretching
ストレッチング

うつ伏せになり片足のひざを曲げ、曲げた足と同じ側の手でかかとをお尻に近づけましょう

ふとももの前面が伸びています

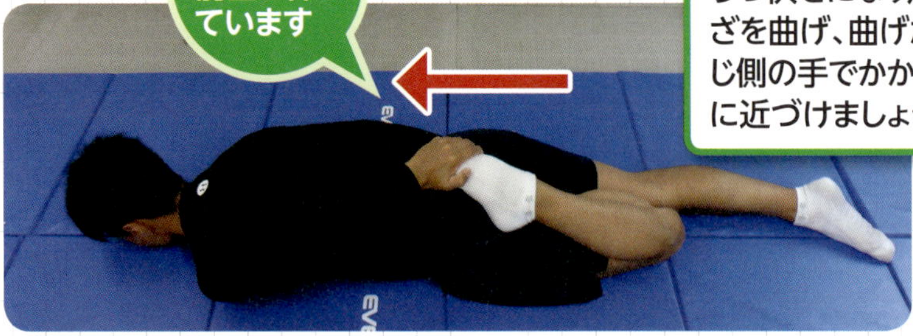

足を交差させて立ったまま上半身を前に倒しましょう（呼吸は止めない）（約30秒）

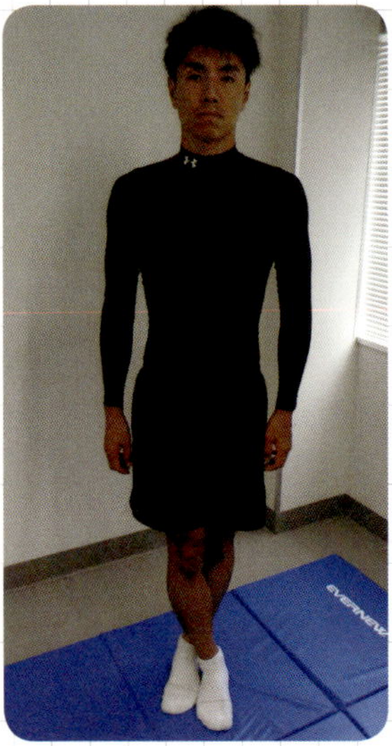

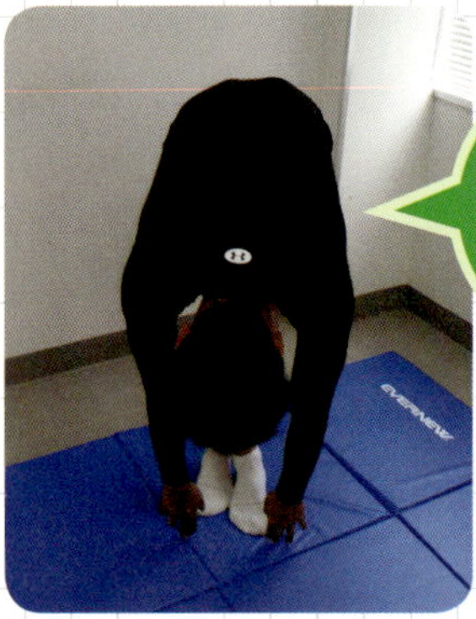

ふとももの後面が伸びています

曲げたひざの両側に両手をつき後ろに伸ばした足の股の前側をジワーっと伸ばしましょう（約20秒）

股関節の柔軟です

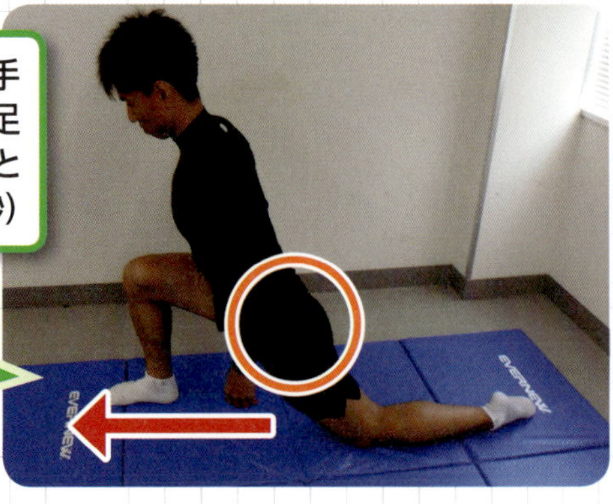

第3章

中・上級者用トレーニング

筋力系

これまでは、腕立て・腹筋・懸垂等の筋力系種目のトレーニングとして「低負荷高回数トレーニング」を紹介してきましたが、これから紹介するトレーニングは、中級者及び上級者全ての体力レベルの記録向上に期待できるトレーニングです。低負荷高回数トレーニングを実施して記録が向上した人は、さらなるステップアップを目指しましょう。

中級者及び上級者用としてのトレーニングは、低負荷高回数トレーニングと違い、常に筋肉を収縮（緊張させた状態）させながら刺激を与えるトレーニングです。

効果は低負荷高回数トレーニングと大きな違いはなく、「トレーニングの引き出しを増やす」ことにより、精神的な苦痛を軽減し、様々なトレーニング法を組み合わせることで、さらに効果的な筋力の向上につながるものです。

「継続は力なり!」
間違いない!

豆知識　筋トレの3原則（その1）

適切なトレーニング（正しいフォームで筋肉を効果的に刺激しよう）

スロートレーニング

スロートレーニングとは文字通り「ゆっくりした動作」で行なうトレーニングで、老若男女問わず誰でも実施できるトレーニングであり、「3秒で上げ、1秒停止、3秒で下げる」など、動作をゆっくり丁寧に行なうのが特徴です。

ゆっくり動作をすることで筋肉への持続的な緊張状態を作り出し、自らの筋肉のみで血流を制限することができ、道具等を使わず、自分の体重でも実施が可能です。また、通常のトレーニングでは、8〜12回が限界の重量（負荷）で行なうことが効果的なトレーニングの指標とされていますが、このスロートレーニングでも高負荷トレーニングと同等の筋力アップ、筋肥大することが認められています。

今後は目的に応じて低負荷高回数トレーニングとスロートレーニングを使い分け、より効果的なトレーニングをしましょう。

ポイント

1. **正しいフォーム**
2. **ゆっくりした動作**
3. **ノンロック**
   （動作中負荷がかかっている状態を保ち、筋肉に休みを与えないこと）

効果 関節などへの物理的な負担が少なく安全（けがのリスクの軽減）

注意点 一気に負荷をかけないようにし、常に筋肉に負荷をかけるようにする

中・上級者用
Training

腕立て伏せ

要領
- 3秒～5秒をかけてゆっくり下ろす
- 下ろしきったら1秒静止
- 3秒～5秒かけてゆっくり上げる
- 10回～12回を1セットで3セット実施する

注意点
カラダを上げた際は腕を伸ばしきらない（ひじをロックしない）

1 7

腕を伸ばさない（ロックしない）で常に筋肉を緊張させた状態を維持

2 6

呼吸を止めず
ゆっくり下ろす

1、2～

3 5

3、4～

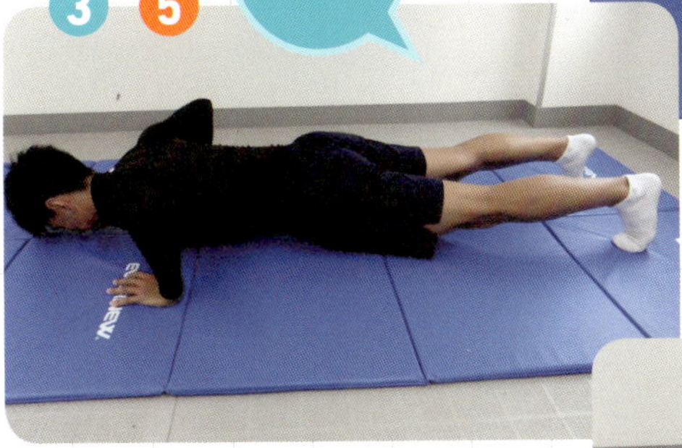

4

5～1秒
静止

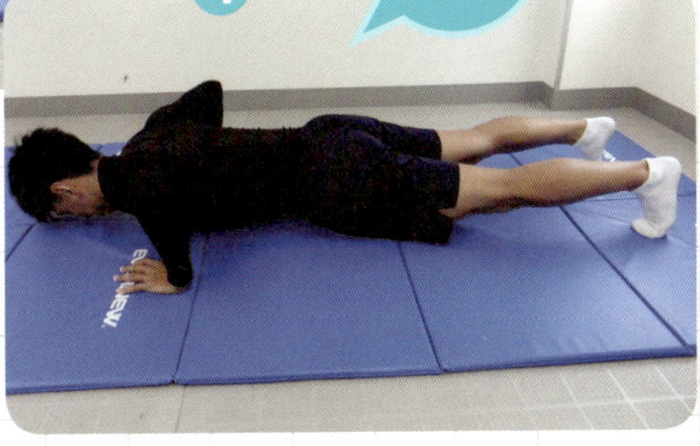

下ろしきったら1秒静止し、息を吐きながらゆっくり上げる

中・上級者用
Training

腕立て伏せ

バランスボール編❶

バランスボールを使うことで支持点が不安定な状況となり、姿勢を保持することで体幹部もあわせて鍛えることができる!

要領

- バランスボールに両手をつき(おおむね肩幅)、肩からかかとまで一直線の姿勢を保つ
- おなかを持ち上げるイメージ(背中を反らさない)で腕の曲げ伸ばしを行なう

腕はおおむね肩幅に

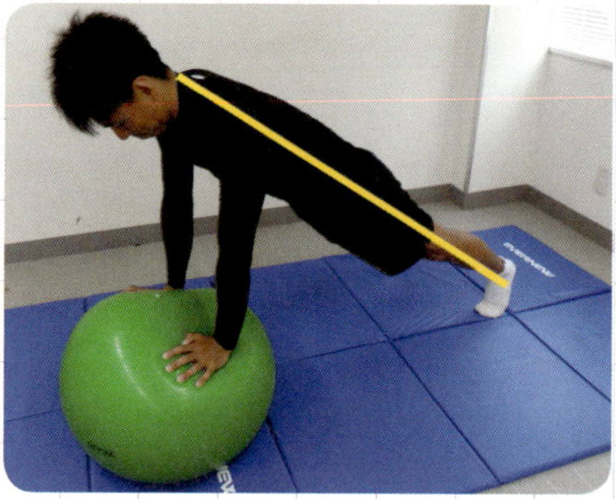

腰は反らさないように!

呼吸は止めずに

中・上級者用 Training

腕立て伏せ バランスボール編❷

要領

- バランスボールに両足を乗せ（おおむね肩幅）、肩からかかとまで一直線の姿勢を保つ
- おなかを持ち上げるイメージ（背中を反らさない）で腕の曲げ伸ばしを行なう

常に体幹部を意識して！

腰は反らさないように！

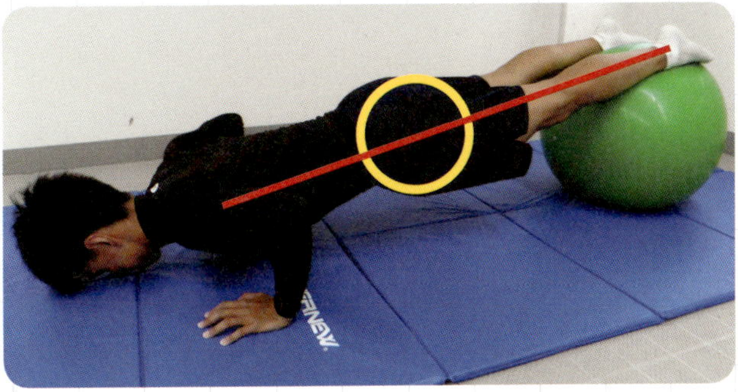

豆知識

筋トレの3原則（その2）

適度な休養（やりすぎは禁物！ 適度な休みと継続性が大事！）

中・上級者用
Training

腹筋

要領

- 3秒～5秒をかけてゆっくり上体を起こし、起こしきったら1秒静止
- 3秒～5秒かけてゆっくり倒す
- 10回～12回を1セットで3セット実施する
- バディーは足首または足の甲を上から押さえる

注意点 常に腹筋は緊張させた（肩を地面につけない）状態を維持

1 5

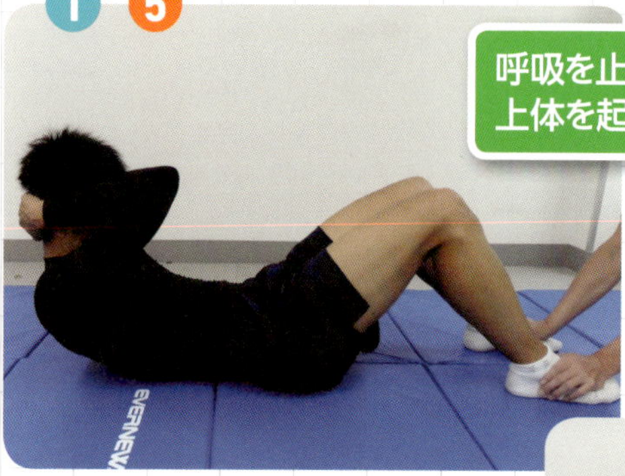

呼吸を止めずゆっくり
上体を起こす

1、2～

2 4

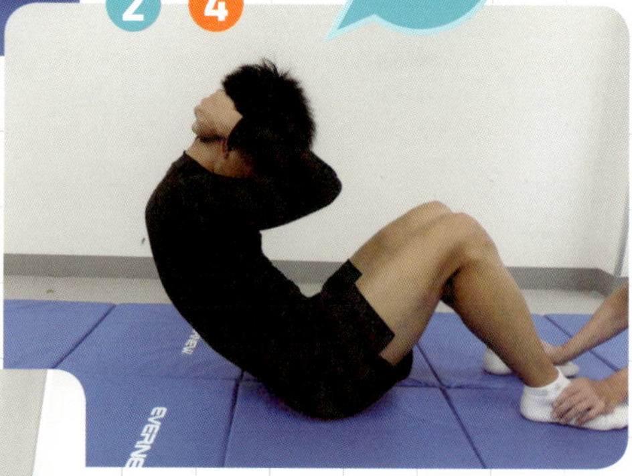

3、4、5
～

3

起こしきったら1秒
静止し、息を吐きな
がらゆっくり下げる

中・上級者用
Training

腹筋

バランスボール編

要領

- バランスボールに肩甲骨の下部まで乗せ、ひざから肩まで一直線の姿勢を保つ
- おなかを持ち上げるイメージで上体の上げ下ろしを行なう
- 両足は肩幅程度（個人差によるが体が安定する程度）開く

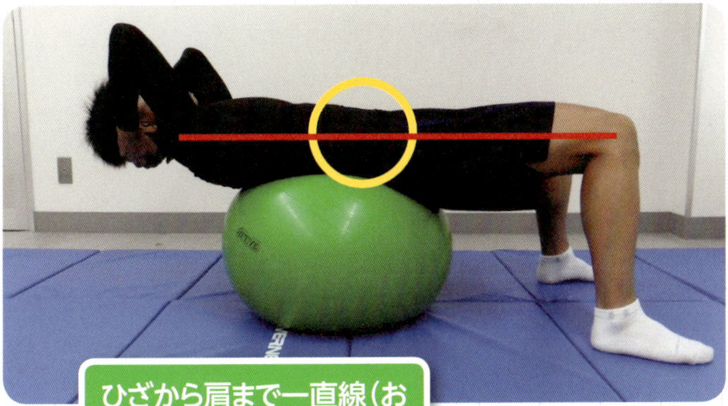

ひざから肩まで一直線（おなかを上げるイメージ）

しっかりと腹筋を収縮させよう!!

ネガティブトレーニング

ネガティブトレーニングは下げる動作（重力に反する動作）に重点をおいた「高強度のトレーニング法」です。トレーニングを行なう場合、上げる動作に意識が集中してしまい、下げる動作は多くの人が意識していない。これはとても「もったいない！」下げる動作は重力に逆らうことになりますが、これがこのトレーニングの注目する点であり、かなりハードなトレーニングであり、是非、マスター（習得）して今までにない新しい刺激を筋肉に与えましょう。

筋力向上トレーニングのテクニックとしてネガティブとポジティブがあります。わかりやすく表現すると、下表のとおりです。

力	動作	筋肉の収縮
ポジティブ	ウエイトを上げる	短縮性収縮 （コンセントリック収縮）
ネガティブ	ウエイトを下げる	伸張性収縮 （エキセントリック収縮）

ポイント ゆっくり（3〜5秒かけて）下ろす

効果
1 筋肉により強い刺激を与え
2 今までよりも重いウエイトが使用可能

注意点 10〜30%増しのウエイトを使う場合は、けがのおそれがあるため確実に補助者を配置して実施すること

中・上級者用
Training

懸垂

要領

- ベンチ等を使用し、あごが鉄棒の高さの上に達した状態をつくる
- 足をベンチ等から離し、3秒～5秒かけてゆっくりとひじを伸ばす
- ひじを伸ばしきったら鉄棒から手を離し地面に下りる
- 10～12回を標準として繰り返し実施する

我慢してゆっくりゆっくり
ひじを伸ばしていこう!

中・上級者用
Training

斜懸垂

要領

- 補助者等を利用して、体の一部が鉄棒に達した状態をつくる
- 3～5秒かけてゆっくりとひじを伸ばす
- 10～12回を標準として繰り返し実施する

バディーが実施者の足を角度を浅くすると負荷が軽減するので、体力レベルに応じて変換しよう！

中・上級者用
Training

斜懸垂
バランスボール編❶

バランスボール（支持点）の位置を変えることにより、強度変換ができるので、体力レベルに応じた強度で実施しよう！

低強度

中強度

高強度

中・上級者用
Training

斜懸垂
バランスボール編❷

要領

- バランスボールに両足を乗せ、かかとから肩まで一直線の姿勢を保つ
- おなかを持ち上げるイメージで懸垂運動を行なう

おなかをしっかり持ち上げた姿勢を維持しよう

おなかの位置を維持しながらカラダを引きつけよう

カラダの一部が鉄棒に触れるまで引きつけよう

豆知識

筋トレの3原則(その3) 食事

満腹感を味わうと自分を守る力が低下するので「腹八分」にすると欲求が満たされていないので自己防衛本能が向上するといわれています。

第４章

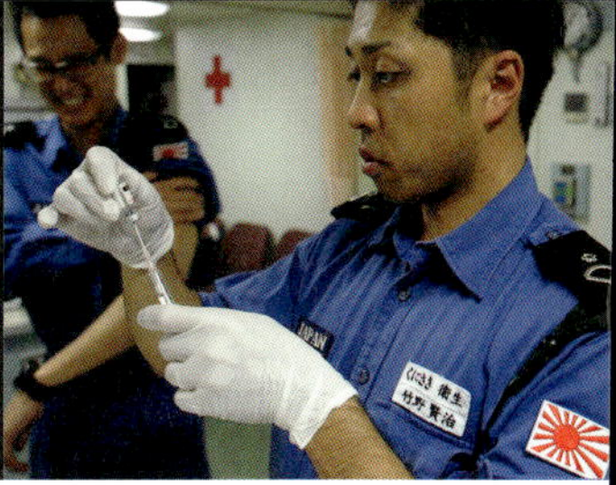

中・上級者用トレーニング

神経系

技術（神経系）のトレーニングは、ある一定のレベルに到達すると、個人での訓練で記録を向上させるには限度があります。これは、たいていの人がそうです。

少しでも記録を伸ばすために不可欠な要件は、「指導者または経験者（あなたにアドバイスを与えられる人、先輩、同期でも可）」を活用し、適宜適切なアドバイスを受け、1つずつステップを踏んで技量の向上を目指しましょう。

経験者のアドバイスに謙虚に耳をかたむけることは、大事なポイントなのです。

「3人行けば必ず我が師有り！」

（自分が謙虚にアドバイスを受け入れることができれば、
どんな人からでも学んでいける！）

中・上級者用
Training

ボール投げ
ステップ

効果 より遠くに投げるための補助動作の習得

注意点 ステップによる助走スピードを落とすことなく投球動作にスムーズに連動させる

体重は右足（後足）にのせ
リズムよく1ステップ

すばやく右足（後足）を引きつけて軸足（左足）のつま先を投げる方向に向ける

つま先は
投げる
方向に

体重は軸足（左足）にのせ、そのまま前に移動しよう

中・上級者用
Training

ボール投げ
スローイング

内容	実際にボールを投げながら（キャッチボール）の投球練習
効果	スムーズな体重移動と腰の回転の連動
注意点	ひじを高い位置に保ちカラダ全体を使ってしっかり踏み込むとともに、腰の回転を重視する

セットポジションは相手に対して横向きにかまえましょう（腰の回転をいかすため）

腕の力を抜いて腰の回転を利用して投げてみよう

Step 1 カラダを使ってダイナミックに投げよう

Step 2 ステップ1の要領で角度を変えてみよう

Step 3 ステップからのスローイングへの連動

カラダは横向き

スピードを落とさずはねるように1ステップ

上半身の力を抜いて腰の回転を利用しよう

軸足のつま先は投げる方向にむける

腕の力をぬいて

腕を振り切ろう

中・上級者用
Training

走り幅跳び
踏み切り

内容	踏み切り直前の助走から足の裏全体で踏み切るトレーニング
効果	助走スピードを落とさない踏み切り動作
注意点	つま先で踏み切らないようにし、助走で得たスピードをスムーズに飛び出す方向へ重心移動させる

地面とほぼ垂直
反対足をすばやく引き上げる
足裏全体で踏みきる

ONE-POINT ADVICE

助走スピードを落とさないためには踏み切り前の4～5歩が非常に重要です。「タン、タン、タ、ターン」の要領で踏み切ると助走スピードを落とすことなく踏み切れます。

スキップ ①

バウンディングに移行するための
トレーニング

バウンディング ②

踏み切り要領の習得に必要な
トレーニング

①：大きく足を踏み出す
②：ひざを高く上げ、ひじをしっかり振り高く跳ぶ
③：踏み切った足で着地し、リズミカルに実施する
なれてきたら、徐々に大きく高く跳ぶように心がけよう

①：着地は足裏全体で力強く、着地時間は短く
②：ひざを高く上げ、ひじをしっかり振る
③：空中では力をぬき、着地はひざをやわらかく

走り幅跳び
空中姿勢

中・上級者用
Training

空中姿勢は大きく3つの姿勢（そり跳び、かがみ跳び、はさみ跳び）がありますが、「そり跳び」「かがみ跳び」について紹介します。

そり跳び

1 空中で踏み切り足と反対側の足を下げる。（腰が前方へ押し出される）

2 最高到達点でカラダを反らせる。

最高到達点にきたらおへそを突き出すようにしてカラダを反らせよう

両腕を高い位置から下、後方へスイングして着地へGO！ 3

腕を大きく前に振り切ろう

着地の時はひざを柔らかく

ONE-POINT ADVICE

反り跳びは踏み切ったら腕を上げて上体ごと前に倒す意識で跳ぶとスムーズに動けます。

かがみ跳び

かがみ跳びは走り幅跳びが苦手な人に最も適した跳び方です。

1 踏み切りの反対の足は動かさない。

2 最高到達点で踏み切り足を引きつける。

3 着地前に両足を前方へ展開しよう。

両ひざをカラダに引きつけるように意識しよう

踏み切り足はそのまま

トレーニング計画

3か月続けてみよう、絶対効果がでる！

月曜日	火曜日	水曜日	木曜日	金曜日
MAX 測定 腕立て 腹　筋 懸　垂	腕立てメニュー ×4セット (❶×3、❷×1) その場ダッシュ 30秒×3セット シャドーピッチング ×20 持久走 30分以上	腹筋メニュー ×4セット (❶×3、❷×1) その場ダッシュ 30秒×3セット シャドーピッチング ×20 持久走 30分以上	懸垂メニュー ×4セット (❶×4) その場ダッシュ 30秒×3セット シャドーピッチング ×20 持久走 30分以上	腕立てメニュー ×4セット (❶×3、❷×1) 腹筋メニュー ×4セット (❶×3、❷×1)) 懸垂メニュー ×4セット (❶×4) その場ダッシュ 30秒×3セット シャドーピッチング ×20 持久走 30分以上

腕立てメニュー

❶	**膝つき腕立て**	1セットの回数はMAX測定の結果を2倍にした回数を設定する
❷	**可変負荷型**	1分間できるだけ早く実施する(1分間実施できる角度で実施)
α	**補助腕立て**	補助者がいる場合はアシストをしてもらって+5回

腹筋メニュー

❶	**腕前交差腹筋**	1セットの回数はMAX測定の結果を1.5倍にした回数を設定する
❷	**つかまり腹筋**	1セットの回数はMAX測定の結果を2倍にした回数を設定する
α	**補助腹筋**	補助者がいる場合はアシストをしてもらって+5回

懸垂メニュー

❶	**足付き(可変負荷斜)懸垂**	1セットの回数はMAX測定の結果を+10にした回数を設定する
α	**補助(斜)懸垂**	補助者がいる場合はアシストをしてもらって+5回

トレーニングカレンダー

実施した日の欄にチェックを入れよう

月曜日 （測定日）	MAX測定 正しい測定要領で腕立て・腹筋・懸垂の測定を行なう 自分の現状を把握しトレーニング効果を高めよう
火曜日〜金曜日 （トレーニング日）	トレーニングはきつくなってからが効果大！ オールアウト（極限・限界）目指して自分を追い込もう！
土曜日・日曜日 （休養日）	週末はゆっくり休養 ストレッチ・マッサージ等を行ない、回復促進させるのも 筋力向上には必要

曜　日		月曜日［MAX測定］			火曜日	水曜日	木曜日	金曜日
		腕立て	腹　筋	懸　垂				
1カ月目	1週目	□	□	□				
	2週目	□	□	□				
	3週目	□	□	□				
	4週目	□	□	□				
2カ月目	1週目	□	□	□				
	2週目	□	□	□				
	3週目	□	□	□				
	4週目	□	□	□				
3カ月目	1週目	□	□	□				
	2週目	□	□	□				
	3週目	□	□	□				
	4週目	□	□	□				

筋トレ&ストレッチ 海上自衛隊マニュアル

2015年11月17日　初版発行
2024年 7 月23日　第2刷

編 著 者　ワック株式会社出版局
資料提供及び協力　海上自衛隊

発 行 者　鈴木 隆一
発 行 所　ワック株式会社
東京都千代田区五番町4-5　五番町コスモビル
〒102-0076
電話　03-5226-7622
http://web-wac.co.jp/
印刷製本　大日本印刷株式会社

表紙デザイン　WAC装幀室
本文デザイン　神長文夫・渡部岳大（WELL PLANNING）

ISBN978-4-89831-438-8